AF524054

Susanna Kolbe

DUNKLE GESCHICHTEN AUS

Marburg

Bildnachweis

Alle Fotos, mit Ausnahme S. 46 (Bildarchiv Foto Marburg/Foto: Sven Köhler, Fay Nolan) und S. 64 (ullstein bild) von Dieter Mayer-Gürr, Marburg.

Literaturhinweis

Weiterführende Literatur zu einzelnen Themen, eine kleine Auswahl:

Hermann Bauer (1986): Alt-Marburger Geschichten und Gestalten

Hans-Jürgen Bickert, Norbert Nail (2013): Marburger Karzerbuch

Geschichtswerkstatt Marburg (Hg.) (2017): Von der Ausgrenzung zur Deportation in Marburg und im Landkreis Marburg-Biedenkopf

Peter Hammerschmidt(2014): Deckname Adler: Klaus Barbie und die westlichen Geheimdienste

Dietrich Heither, Adelheid Schulze (2015): Die Morde von Mechterstädt 1920

Irmtraut Sahmland, Kornelia Grundmann (Hg.) (2014): Tote Objekte Lebendige Geschichte. Exponate aus den Sammlungen der Philipps-Universität Marburg

Bei meiner Recherche habe ich zahlreiche Artikel aus lokalen Medien, vor allem der Oberhessischen Presse, zurate gezogen.

Dank

Dankbar bin ich für die Ideen und Hinweise, die ich in Gesprächen, vor allem in meiner Marburger Nachbarschaft, bekommen habe.

1. Auflage 2019

Umschlaggestaltung: r2 | Ravenstein, Verden
Layout und Satz: Schneider Professionell Design, Schlüchtern-Elm
Druck: Druckerei Zimmermann Druck + Verlag GmbH, Balve
Buchbinderische Verarbeitung: Buchbinderei S. R. Büge, Celle

34281 Gudensberg-Gleichen, Im Wiesental 1
Tel. 0 56 03 - 9 30 50 www.wartberg-verlag.de
ISBN 978-3-8313-3262-5

Inhalt

Das Ende eines Ketzerjägers

Der nächste Vertraute unserer Heiligen Elisabeth war alles andere als ein Heiliger. Seine Geschichte endete tragisch vor den Toren Marburgs:
Es ist das Jahr 1233. Kurz vor seinem Ziel wird Konrad von Marburg, Beichtvater und „Seelenführer" der späteren Heiligen Elisabeth, der als ihr Zuchtmeister galt, auf dem Rückweg vom Reichstag in Mainz brutal überfallen und erschlagen. Ganz in der Nähe vom Hof Capelle am Rande des Ebsdorfer Grundes, am Waldrand wahrscheinlich, wo heute eine Hinweistafel knapp über die Geschichte informiert, soll es geschehen sein. Konrad fleht um Gnade, die ihm nicht gewährt wird.
Finster ist nicht allein die Tat, die hier dokumentiert ist, sondern vielmehr das, was ihr vorausgegangen ist …
Denn Konrad ist nicht nur der einfache Geistliche, der sich der Armut verpflichtet hat und in Demutshaltung auf einem Maultier durch die Gegend zieht. So stellt er sich gern dar. Nein, Konrad ist einer der gnadenlosesten, der unbarmherzigsten und brutalsten Ketzerjäger seiner Zeit, der unzählige unschuldige Menschen auf dem Gewissen hat. Vom Papst ermächtigt, verfolgt er – als erster offizieller Inquisitor – eigenmächtig viele Jahre Menschen, die er als Ketzer erkannt haben will. Zusammen mit zwei Begleitern, einem Dominikanerpater und einem einbeinigen und -äugigen Laienbruder, sind sie ein gefürchtetes Trio. Sie verbreiten im Hessischen und Thüringischen und besonders in der Region um Marburg Angst und Schrecken. Nur wenige entkommen ihnen, unerbittlich sind sie im Auftrag der Inquisition unterwegs. Kleine Auffälligkeiten reichen da schon, um jemanden der Ketzerei zu bezichtigen. Konrad versteht sich als Kämpfer gegen Hölle und Teufel. Ein System von Denunziationen entsteht in

der Bevölkerung, die Angst regiert, Geständnisse werden erpresst. Und ob einer gestanden hat oder eben nicht, der Scheiterhaufen droht beiden. Immerhin hat er die päpstliche Erlaubnis. Und ab 1231 gehört nicht allein das Aufspüren von Ketzern zu Konrads Aufgaben, nun darf er auch als Ketzerrichter eigene Prozesse führen, auf seine eigene Art. Die Scheiterhaufen, auch in Marburg, brennen.

Gedenkstein für Konrad von Marburg

Dieser Konrad, vermutlich aus Marburg stammend, war gebildet, studiert, trug den Titel eines Magisters, war rhetorisch äußerst talentiert und im erfolgreichen Einsatz als charismatischer Kreuzzugsprediger unterwegs. Seine Predigten galten als legendär. Wohl auch Ludwig von Thüringen, Elisabeths Ehemann, hatte er auf der Wartburg zum Fünften Kreuzzug bewegen können, einem Kreuzzug, an dem er eigentlich nicht teilnehmen wollte und von dem er nicht zurückkommen würde. Die junge Elisabeth, die sich schon zuvor zu einem Leben in Armut und christlicher Demut entschlossen hatte, fand in Konrad wohl ihren ersehnten Lehrmeister und gelobte ihm Gehorsam. Er wurde ihr sog. Seelenführer, ihm war sie ergeben, vor ihm legte sie ein Gelübde der Armut, des Gehorsams und lebenslanger Keuschheit (nach Ludwigs Tod) ab. Nach dessen frühem Tod bekam der Beichtvater Konrad vom Papst auch die Vormundschaft über die junge Witwe zugesprochen. Elisabeth zog mit

Konrad nach Marburg, ihrem Witwensitz, an dem sie gemeinsam ein Hospital gründen und an dem Elisabeth sich der Pflege von Armen und Kranken widmen sollte. So hatte sie selbst es sich gewünscht.

Von nun an aber bestimmte einzig Konrad ihr weiteres Leben: Sie musste ihre drei Kinder in Pflegefamilien abgeben, durfte keinen Kontakt zu ihren Freundinnen und Dienerinnen, den Vertrauten Guda und Isentrud, pflegen. Ob gewollt oder ungewollt wurde er zu ihrem strengen Zuchtmeister, der sie nicht nur psychisch unter Druck setzte, sondern sie auch körperlich züchtigte, sie geißelte, sie schlug, sie hungern ließ. Dies erledigte er neben seiner sich nun ausweitenden Tätigkeit als Ketzerjäger. Elisabeth war ganz in seiner Gewalt.

Sie starb entkräftet mit 24 Jahren. Konrad setzte sich vehement für ihre rasche Heiligsprechung ein – um seine Rolle zu verschleiern? Manche, die sich mit der Beziehung der beiden auseinandergesetzt haben, sind der Meinung, Konrad habe die junge abhängige Frau, die ihm so unterwürfig ergeben war, in den Tod getrieben.

Aber auch Konrad war kein langes Leben mehr beschert. Unerbittlich verrichtete er seine Arbeit für die Inquisition, durchstreifte die Marburger Gegend und richtete nicht nur über die „kleinen“ Leute, auch der Hochadel kam bei ihm nicht ungeschoren davon. Der, an dem er sich selbst die Finger verbrannte, war ein Graf, der mit Elisabeth in Verbindung stand. Er und seine Frau hatten ihre Kinder bei sich aufgenommen. Graf Heinrich von Sayn stand auf Konrads Liste, ließ sich das aber nicht einfach gefallen und brachte die Angelegenheit vor den Reichstag, wo auch der König anwesend war. Konrads Zeugen wurden nicht zugelassen, und beleidigt verließ er Mainz, begleitet von einem Franziskanerpater, ohne das angebotene Geleit nach Marburg anzunehmen. Ein Fehler! Denn hinter dem Dorf Beltershausen attackierte sie eine Gruppe von Reitern. Konrad und sein Begleiter waren kurz darauf tot. Ob die Täter nun Verbündete des Grafen Sayn oder andere Adlige waren, die mit Konrad im Clinch lagen, bleibt bis heute ungeklärt. Was weiter mysteriös bleibt und möglicherweise Konrad zu einem Märtyrer machen sollte: Konrad – und auch sein Begleiter – wurden direkt neben Elisabeth in der Hospitalskapelle ins Grab gelegt, eine Ehrenbezeugung. Als diese Kapelle abgebrochen wurde, überführte man ihre Gebeine in den Chor der neu erbauten Elisabethkirche. Zur selben Zeit etwa errichtete ein Pater in der Nähe des Tatortes eine stattliche Marienkapelle, wo Messen für Konrads Seele gelesen wurden. Sie war seit langem verfallen und zum Steinbruch geworden. Aus ihren Steinen wurde eine Scheune gebaut, ein rund gemauertes Fenster deutet noch auf sie hin. An den Mord erinnert ein Gedenkstein, inzwischen grün umrankt mitten in einem Bauerngarten im kleinen Ortsteil Hof Capelle.

Mord und Totschlag

Wenn wir heute Kreuze am Straßenrand sehen, nehmen wir rasch wahr, dass hier ein tragischer oder gar tödlicher Unfall geschehen ist. Im Grünstreifen hinter den Leitplanken der Landstraße stehen frische Blumen vor dem Kreuz, Kerzen, Grablichter, Plüschtiere, Herzen, im Lauf der Zeit eher vertrocknete Sträuße oder verblasste Plastikgestecke – meist ist ein Vorname lesbar und das Datum des Geschehens. Die Kreuze warnen vor den Gefahren des Straßenverkehrs, gemahnen zur Vorsicht, sind in erster Linie aber Ausdruck von Trauer, erinnern an einen

Steinkreuz nahe Fleckenbühl

an dieser Stelle zu Tode gekommenen Menschen. Oft sind es junge Menschen.

Kreuze am Wegesrand hat es seit vielen Jahrhunderten gegeben, schon in vorchristlicher Zeit, und wer aufmerksam durch den Wald läuft, seinen Blick an Wegkreuzungen und auch an ganz normalen Landstraßen in und um Marburg streifen lässt, der kann so einige entdecken. Viele von ihnen sind über die

Jahrhunderte verwittert, beschädigt oder versetzt worden, uninteressant geworden, manche sind überwuchert. Doch alle künden von Mord und Totschlag, sind Mahnmale für ein Gewaltverbrechen. Würde man die Inschriften heute besser lesen können, könnte es einen schaudern beim sonntäglichen Spaziergang. Aus welch nichtigen Anlässen gemordet wurde, ist kein historisches Phänomen allerdings, man muss nur in die Tageszeitungen schauen.
Was war da oben im Alten Kirchhainer Weg am waldigen Rand Marburgs los? Das Steinkreuz gibt sein Geheimnis nicht preis, der Sandstein ist total verwittert, aber der Stein hat immerhin einen Namen: Löwensteiner Kreuz wird er genannt. Hinter der alten Abdeckerei steht er am Wegesrand an einem an sich schon düsteren Ort, dessen Funktion aber nur noch wenige kennen. Vor hundert Jahren hätte man gewiss einen Bogen um das Anwesen gemacht, kein angenehmer Spazierweg. Das Steinkreuz stand schon am Weg, als seinerzeit die napoleonischen Truppen hier unterwegs waren, auf einer zum Teil befestigten Straße. Ist der Stein womöglich ein Sühnekreuz, das zwei Raubritter der adligen Löwensteins aus Nordhessen haben aufstellen müssen, weil sie hier einen oder mehrere Marburger Bürger umgebracht haben? Um damit etwas gutzumachen im Rahmen eines Sühnevertrags, als Teil ihrer Rehabilitation, wie es durchaus im 15. Jahrhundert üblich war? Oder war es vielleicht ganz anders: Ist hier ein Löwensteiner ermordet worden? Es bleibt im Dunkeln. Der privaten Sühne wurde mit der Halsgerichtsordnung von 1532 die Rechtsgrundlage entzogen. Steinkreuze werden aber weiterhin errichtet.
Unklarheiten bleiben bei den meisten. Zwischen Niederklein und Rüdigheim könnte schon im 15. Jahrhundert ein Salzhändler ermordet worden sein – Sälzerkreuz wird der Stein in der Gegend

genannt. Wir befinden uns an einer Handelsstraße, an der mit Salz gehandelt wurde. Es könnte aber auch viel später an dieser Stelle ein höherer Kirchenmann zu Tode gekommen sein – die Formgebung des Steines ist eher barock. Doch hartnäckig wird der Salzhändler damit in Verbindung gebracht.
Er sei „lemerlich erschossen und ermordet worden“, der Adlige aus dem nahe gelegenen Dorf Bürgeln, Hartmann von Fleckenbühl, an einem idyllisch gelegenen Feldrain zwischen Marburg und Schönstadt im Jahr 1562. So besagt es die Inschrift, die hier noch recht gut zu lesen ist. Eine steinerne Platte und die Größe des Steins deuten an, dass hier ein Prominenter umgebracht wurde. Dem Steinkreuz fehlt ein Arm. Und schon beginnen die Spekulationen: fehlte dem ermordeten Ritter vielleicht auch einer? Oder war's der Blitz, der in den Kreuzarm gefahren war? Legenden ranken sich um fast alle diese Steine und laden zum Fantasieren ein. Hinweistafeln und ambitionierte Ortschroniken verbreiten die mysteriösen Geschichten weiter. Immerhin ist beim Fleckenbühler einigermaßen sicher verbürgt, dass Name und Todesdatum korrekt sind, also kein Märchen, denn Hartmann hat in der Kirche seines Heimatortes eine Grabplatte bekommen. Was aber genau passiert ist? Die verwegenen mündlichen Überlieferungen reichen von einem Streit unter Brüdern, bei dem der eine dem andern den Arm abgehackt haben soll bis zu einem unbeabsichtigten Unglücksfall, nach dem bewaffnete Knechte aus Fleckenbühl unschuldig in den Kerker wandern mussten. Was aber steckte dahinter? Gab es vielleicht Besitzstreitigkeiten mit denen von Hatzfeld oder anderen konkurrierenden Adligen? Ein echtes Forschungsdesiderat.
Im Wald bei Sindersfeld sollen sich zwei Bauern im Streit totgeschlagen haben. Die auf dem Stein eingeritzte Form könnte an eine Pflugschar erinnern – die Mordwaffe? Am Waschbach un-

terhalb Amöneburg, direkt neben dem alten Wasch- und Bleichplatz der Stadt auf dem Berg, sollen es zwei Frauen gewesen sein, die sich im 16. Jahrhundert aus Eifersucht gestritten und mit Sicheln tödlich verletzt haben sollen. Mägde seien es gewesen, das legt der Ort durchaus nahe. Auf dem doch recht großen Steinkreuz gibt es allerdings keinerlei Hinweise darauf, nur eine Tafel nebenan erklärt uns die Bedeutung des Steins so.

Ein etwas verkürztes Steinkreuz findet man im katholischen Dorf Mardorf, an einer Straßenecke tief im Boden eingelassen, wo ein Soldat, ein Einheimischer, im Rang eines Fähnrichs, während des 30-jährigen Krieges von niederländischen Truppen verletzt worden und gestorben sein soll. Eine Grabplatte für ihn findet man an der Mardorfer Kirche. Allerdings: Der Stein scheint schon älter zu sein. Und vielleicht waren auch hier die Herren von Löwenstein wieder mit dabei, die sich zusammen mit den Mainzischen in Streit und Kampf gegen den hessischen Landgrafen befanden. Trotzdem hält sich die tragische Geschichte vom Fähnrich weiter, mitten im Dorf.

Das Steinkreuz im kleinen Dorf Allna, südwestlich von Marburg, hat – wie auch das Kreuz nahe Sichertshausen – einen neuen festen Platz gefunden, um so vielleicht im Gedächtnis zu bleiben, nach Straßenverbreiterung oder Flurbereinigung. Zwei Burschen sollen sich auf dem Heimweg von der Allnaer Kirmes nach Hermershausen am Wegkreuz zwischen den Dörfern totgeschlagen haben. Es könnten aber auch zwei Frauen gewesen sein, so eine andere Erklärungsvariante, die an dieser Stelle während einer Hungersnot um ein Brot oder einen Kreppel gestritten hätten – mit tödlichem Ausgang. Egal welche Geschichte nun zutrifft, den hier sogenannten Kreppelstein kann man heute gut versteckt in der grünen Rabatte vor dem Dorfgemeinschaftshaus finden.

Auch ein jüngerer Stein gibt einheimischen Forschern Rätsel auf. Zwischen Behrings Mausoleum auf der nach seiner Frau benannten Elsenhöhe und dem heutigen Marburger Stadtteil Wehrda, tief im Wald, steht ein mächtiger Gedenkstein, der einem einheimischen Jäger gewidmet ist. Ein tragischer Todesfall hat sich hier während der Rast einer Jagdgesellschaft ereignet, „durch Schussentladung eines Jagdgewehrs im Januar 1879". Ob es ein unglücklicher Zufall war, dass Konrad Dittmar hier zu Tode kam? Oder war's eine Eifersuchtsgeschichte? Vielleicht steckt doch mehr dahinter...

Mord am Dammelsberg

„Gefährlicher Dammelsberg!" so titelt die lokale Presse im März 2019, „...Vom Betreten wird abgeraten, wer dennoch auf den Dammelsberg geht, tut es auf eigene Gefahr", warnt die Stadt. Das hat aber nichts mit einer kriminellen Tat zu tun, sondern mit der Natur: eine „waldtypische Gefahr". Im letzten Jahr sind mehrere der Eichen, die an dieser Stelle vor mehr als zweihundertfünfzig Jahren angepflanzt worden waren (für eine Anlage zum Spazieren und Feste feiern, eine Art Park) im Sturm umgestürzt. Sie machen den Dammelsberg nun zu einem unsicheren Ort.
Wenn man sich trotz solcher Warnungen dennoch auf eine kleine Runde mit dem Hund oder zum Sonntagsspaziergang auf die in Kehren um den Berg angelegten Wege begibt, entdeckt man an einem der gefährdeten und gefährdenden Bäume – inzwischen hoch oben am Stamm – ein verwittertes Holzschild: die Mördereiche! Das in die Rinde des Stammes geritzte Kreuz fällt sicher kaum jemandem auf.

Ein Mord auf dem Dammelsberg hat im 19. Jahrhundert über mehrere Jahre die Gerichte und die Marburger Bürger intensiv beschäftigt. Das grausige Ereignis, das hier geschah, ist recht gut aufgearbeitet worden, nicht zuletzt wohl, weil die Akten vor Ort im Archiv zu finden sind, aber auch weil der Mörder, ein Einheimischer, der letzte war, der in Marburg öffentlich hingerichtet wurde. Ein umtriebiger Lokalhistoriker nannte ihn den „letzten Rabensteiner". Dabei kam er eigentlich aus dem nahen Dorf Ockershausen, heute ein Marburger Stadtteil.

Sein Opfer war eine junge Tagelöhnerin aus demselben Dorf, Dorothea Wiegand. Im September 1861 fand ein junger Förster ihre Leiche neben besagter Eiche, von Maden übersät. Seit Tagen soll sie schon dort in ihrem Blut gelegen haben. Eine lange Schnittwunde hatte sie am Hals, neben ihr lag ein Messer. Man kannte die junge Frau, „das Hinkel" wurde sie etwas despektierlich genannt, und schwanger soll sie auch gewesen sein. Verdächtig machte sich Ludwig Hilberg, von Beruf Schuhmacher, der in einer Verbindung zur Getöteten gestanden haben soll. Er versuchte erst einmal den Verdacht auf einen anderen zu lenken.

Aber viele Zeugen wussten etwas, das Dorf war klein und alle kannten sich. Bald wusste man, wann Dorothea das Haus an dem verhängnisvollen Montagmorgen verlassen und mit wem sie sich hatte treffen wollen. Man hatte Schreie gehört, auch hatte man den Tatverdächtigen in der Nähe gesehen, vor und nach der Tat in unterschiedlichen Zuständen. Seine Mutter gab ihm ein fadenscheiniges Alibi, das nicht zu halten war. Eins kam zum anderen und so wurde Hilberg in Untersuchungshaft gesteckt, und zwar ins Kugelhaus am Rande der Oberstadt, von wo er allerdings in kürzester Zeit türmte. Hilberg wurde aber rasch wieder gefasst und musste seine Haft nun im berüchtigten düsteren Weißen Turm, dem Hexenturm, fortsetzen. Eine Flucht war hier schwerlich möglich. Viele und lange Vernehmungstage kamen auf ihn zu, ein Gasthaus in Ockershausen wurde eigens umfunktioniert, alle wollten ihre Aussage zu Protokoll geben. Hilberg, der als brutal galt, bezichtigte die Zeugen der Lüge und stritt alles ab.

Mordeiche am Dammelsberg

Zwei Jahre dauerten die Untersuchungen und Vernehmungen, bis endlich die Verhandlung stattfinden konnte: zehn Tage lang mit 150 Zeugen in der Alten Kanzlei unterm Schloss. Eigentlich schien alles klar zu sein, doch dann warf die Entscheidung der Geschworenen alles um. Die eine Hälfte hielt Hilberg für den Mörder, die andere Hälfte jedoch nicht – und so musste der junge Schuhmacher wieder auf freien Fuß gesetzt werden. Der Mord blieb ungesühnt.

Hilberg kehrte nach Ockershausen zur Mutter zurück. Die Dorfbewohner waren ihm nicht gewogen, denn die meisten hielten ihn für den Mörder. So plante er seine Auswanderung nach Amerika, denn vor Ort sah er keine Zukunft mehr für sich. Die Obrigkeit beobachtete ihn weiterhin scharf und rollte schließlich das Verfahren noch einmal auf.

Die zweite Verhandlung brachte weiteres Beweismaterial zutage, noch einmal stimmten die Geschworenen ab. Diesmal waren Dreiviertel von ihnen der Meinung, dass der Angeklagte, der weiterhin seine Unschuld beteuerte, der Täter sei. Er wurde zum Tode verurteilt: Hilberg soll durch das Schwert hingerichtet werden.

Als der Pfarrer in seine Zelle kam, gestand er endlich. Dass er nämlich der Vater von Dorotheas ungeborenem Kind sei, dass er aber keine Beziehung mit ihr haben wollte, dass ihm die Verbindung unangenehm gewesen sei, schon gar, weil sie sein Kind erwartete. Er habe schon bald mit dem Gedanken gespielt, sie zu töten, dass sie nur nichts davon verlauten ließe. Als er sich mit ihr im Wald getroffen habe, hätte sie wieder mit der Schwangerschaft angefangen – da habe er ein Messer hervorgeholt. Wieviele Stiche er ihr zugefügt habe, wisse er nicht mehr. Irgendwann wären ihre Schreie verstummt. Hilberg habe das Messer neben ihr unter der Eiche liegen lassen, um einen Selbstmord vorzutäuschen.

Durch das Eingeständnis der grausamen Tat erhoffte sich der junge Mann eine geringere Strafe, doch vergeblich. Sein Gnadengesuch wurde abgelehnt. Im Oktober 1864 bekam Hilberg im Hexenturm seine letzte Mahlzeit: Pflaumenkuchen und Kaffee hatte er sich gewünscht. Drei Jahre nach dem Verbrechen wurde er, gekleidet im Armesündergewand, begleitet von einer gewaltigen Menschenmenge im Gerichtswagen quer durch die ganze Stadt hinauf zur Marburger Richtstätte, dem Rabenstein, geführt. Das Schwert des Scharfrichters, der eigens dazu anreisen musste, vollzog das Todesurteil. Zum letzten Mal an diesem Ort.

Die Morde von Mechterstädt

Es ist zwar nicht in Marburg geschehen, aber die Protagonisten tragen den Namen der Stadt in diese unrühmliche Geschichte. Der Kapp-Putsch war eben gerade gescheitert. Zum Zweck der Unterstützung dieser Attacke gegen die Regierung der Weimarer Republik hatten sie sich zusammengefunden und das Studentenkorps Marburg gebildet – ein Freikorps, das sich knapp und zackig StuKoMa nannte. 1800 Studenten, allesamt in Verbindungen organisiert (in schlagenden und nicht schlagenden, in christlichen, auch in demokratischen) machten sich in zehn Kompanien in mehreren Etappen auf nach Thüringen. Dort sollten revolutionäre Arbeiter, Spartakisten und andere Aufrührer ihr Unwesen treiben, einen Aufstand angezettelt haben und plündernd durchs Land ziehen, so hieß es. Endlich, so empfanden es nicht wenige der korporierten Studenten, kamen sie zum Einsatz.
Sie kamen vom Corps Teutonia oder Hasso-Nassovia, der Burschenschaft Alemannia, der Turnerschaft Philippina, der Landsmannschaft Hasso-Guestphalia, vom Bund Wingolf oder Palatia, oder vom Verein Deutscher Studenten. Eine Kompanie aus (Sozial-)Demokraten war auch dabei, die Volkskompanie. Schon im Jahr zuvor hatten die Marburger Jäger das Studentenkorps heimlich eingekleidet und mit Waffen und Munition ausgerüstet. Jede Menge davon lagerte seither versteckt in den Verbindungshäusern. Am 20. März 1920 war Appell auf dem Kämpfrasen, und auch der Rektor der Universität sprach zu den Männern der ersten sechs Kompanien, die sich auf den Weg machten: Der „Thüringen-Feldzug“ konnte losgehen. Es mutete manchen von ihnen wie zu Beginn des Ersten Weltkriegs an: Eine Stimmung wie bei der Mobilmachung damals. Sie zogen bewaffnet und begleitet von militärmusikalischen Klängen zu Fuß zum Bahnhof, und

die Marburger Einwohner liefen mit und standen am Gleis, als der Zug sich abends Richtung Herleshausen in Bewegung setzte. Dort angekommen, marschierten die studentischen Soldaten durch die Thüringische Landschaft, nervös und ungeduldig, losschlagen zu dürfen. Doch in Thüringen war es ruhig und friedlich, kein Aufstand weit und breit.

Dann allerdings regte sich etwas: Es kam der Befehl, in Bad Thal (bei Mechterstädt) die Anführer von „marodierenden Banden" festzunehmen. Geradezu wahllos ergriff man Männer, die im Zusammenhang mit dem Kapp-Putsch Waffen beschlagnahmt hatten, die allerdings längst schon wieder eingesammelt worden waren. 15 Arbeiter, die nicht wussten, wie ihnen geschah, die sich keiner Schuld bewusst waren und keinen Widerstand leisteten, packte man und lud sie auf einen Wagen, der sie nach Sättelstädt ins Spritzenhaus brachte, wo schon andere Gefangene aus Mechterstädt eingeschlossen saßen.

Am 25. März begaben sich in der Frühe 15 Gefangene in Begleitung von 20 Männern des StuKoMa auf den Weg nach Gotha. Ein Burschenschaftler, der das Kommando über die Studenten hatte, drohte den Gefangenen mit Erschießung, falls sie versuchen würden zu fliehen. Sie trugen keine Handschellen, waren nicht angekettet. Nur kurze Zeit später war keiner der gefangenen Arbeiter mehr am Leben. Auf einer Strecke von drei Kilometern lagen ihre Leichen, wenige Meter von der Straße entfernt im Feld, aufs Schlimmste zugerichtet. Das Studentenkorps hatte seinen Weg nach Gotha fortgesetzt, den Ort seiner Untat einfach hinter sich gelassen. In Gotha war es ruhig.

Sie rühmten sich später ihres „energischen Zupackens" und des „rücksichtslosen Erschießens" der Gefangenen, die hätten fliehen wollen. „Erschießung auf der Flucht ", so hieß es, aber dieser Sachverhalt sollte später aufgeklärt werden. Es wurde nachge-

Gedenktafel für die Tat von Mechterstädt

wiesen, dass allen aus nächster Nähe in den Kopf geschossen worden war, zudem waren sie übersät von Bajonettstichen. Und eigentlich hatte dies ein unabhängiger Arzt aus Eisenach auch so direkt nach der grausigen Tat an den Leichen festgestellt.

Dennoch rettete die Lüge von der Erschießung auf der Flucht den 14 angeklagten Männern aus den schlagenden Verbindungen das eigene Leben. Im Prozess in Marburg und auch in der Berufungsverhandlung in Kassel wurden sie alle freigesprochen. Auch die Universitätsleitung stand zu den Angeklagten, verteidigte ihre Tat. Nur Gustav Heinemann und Ernst Lemmer, seinerzeit auch Marburger Studenten und etwas später am Tatort, Mitglieder der demokratischen „Volkskompanie“, hatten die Aussagen der mörderischen Studenten als Lügen entlarvt. Und tatsächlich bezeichnete nach dem Urteil selbst der preußische Minister für Wissenschaft und Kunst die Tat als „feige(n) Meuchelmord der Marburger Buben“.

Der „Marburger Studentenprozess“ wurde einer der bekanntesten Prozesse in der Weimarer Republik: Er ist deutliches Beispiel für

Gesinnung- und Klassenjustiz und so bekannt, dass prominente zeitgenössische und vor allem kritische Künstler darauf Bezug nahmen und die Tat in ihrer Kunst verarbeiteten. Einer, den die Tat und der Prozess sehr beschäftigt hatte, war Kurt Tucholsky, der in einigen Gedichten die Morde von Mechterstädt und die studentischen Täter heftig auf satirische Weise anprangert:

„…. Wir fingen fuffzehn von dem Pack,
das unser Preußen schädigt.
Es war ein schöner Märzentag.
Wir haben sie erledigt.
Sie sind von uns erschossen worn.
Doch ganz in Recht und Züchten.
Zwar sitzen ihre Wunden vorn…
Man kann auch rückwärts flüchten.

…

Uns tut kein deutscher Richter nichts
Und auch kein Staatsanwalte.
Die Schranken unsres Kriegsgerichts
Der liebe Gott erhalte! ….“

(Aus: Tucholsky: Marburger Studentenlied“)

Der Ruf der Marburger (Verbindungs-)Studenten hatte durch diese Tat in der Öffentlichkeit großen Schaden genommen. Obwohl deren Haltung seit dem frühen Kaiserreich bekanntermaßen rechtskonservativ, nationalistisch, ja antisemitisch gewesen war. Die Aufarbeitung der Morde von Mechterstädt und deren Anerkennung als solche dauert an. Detaillierte Forschungsarbeiten sind inzwischen erschienen, eine Wanderausstellung konzipiert worden. Die Marburger Universität hat sich hier allerdings sehr zurückgehalten. Und die Stadt? Im April 2019 ist an der Alten Universität eine Tafel angebracht worden, die an die Tat, an Opfer und Täter erinnert. Fast hundert Jahre danach.

Gefährliche Studenten

In Marburg, einer Stadt von etwas mehr als 70 000 Einwohnern, leben mehr als 26 000 Studenten. In und um die pittoreske Oberstadt reiht sich daher eine Studentenkneipe an die nächste. Hier geht es abends feucht-fröhlich und lebhaft zu – hier wird Party gemacht.

Das ist nicht immer lustig für die Bewohner der Altstadt, die oft um ihren Schlaf gebracht werden, die Krach, Gegröle und Müll ertragen müssen. Auch ist es nicht immer friedlich. Und das ist nicht erst in den letzten Jahren so. Wir wissen, dass auch seinerzeit Lomonossov und seine Mitstudenten hier gefeiert haben und nicht wenige dumme Streiche überliefert sind. So manch einer von ihnen ist anschließend im Karzer der Universität gelandet. Akademische Ausbildung schützt wahrhaftig nicht vor unflätigen Scherzen und ausufernden Aktionen – und auch nicht vor Verbrechen.

Wenn ich durch die nächtliche Oberstadt gehe, auch alleine, habe ich gewöhnlich keine Bange, aber in der Reitgasse ereilt mich manchmal ein mulmiges Gefühl. Oft begegnet man hier vor den Türen der Clubs trinkende und rauchende junge Leute, die auch schon mal über die Stränge schlagen. Zuweilen muss man sich an ihnen regelrecht vorbeidrängeln. Vor ein paar Jahren ist an dieser Stelle etwas geschehen, an das ich mich im Vorbeigehen mit Schaudern erinnere.

Eine Gruppe Studenten, Erstsemester, war an einem Oktoberabend 2015 in der Oberstadt unterwegs. Sie kannten die Stadt noch kaum, hatten gerade ihre Erkundungswoche hinter sich und waren gespannt auf den Beginn ihres Studiums, ihr neues junges Leben. Die Gruppe kam spät in der Nacht aus einer der vielen „alternativen“ Lokalitäten, schlenderte vielleicht ein wenig angetrunken über das Kopfsteinpflaster der Gassen. Man wollte noch nicht wirklich heim. Und so beschlossen die jungen Leute, auf ihrem Weg durch die Reitgasse noch ein letztes Bier in der nächsten Kneipe zu nehmen. Hier war noch ordentlich was los, eine größere Feier, aber zum Glück keine geschlossene Gesellschaft. Ein Bier also, aber es dämmerte schon und die neuen Freunde verabschiedeten sich nach und nach. Immerhin begann in Kürze die Vorlesungszeit, also wurde es langsam Zeit. Nur einer konnte sich noch nicht losreißen, blieb an der Theke hocken.

Eigentlich war's ein ganz normaler lustiger friedlicher Abend, der für die Gruppe damit endete, dass man sich für den nächsten Abend verabredete. Bis zu diesem Moment. Dann schloss der Club am frühen Morgen und nichts war mehr wie zuvor. Denn nun passierten Dinge, die man nur vermuten kann, die lange Zeit im Unklaren blieben und später mühsam rekonstruiert werden mussten – und immer blieben Widersprüche.

Es ist eine tragische Geschichte: Der junge Mann, der letzte aus der Gruppe, hatte nicht mehr lange zu leben. Er starb kurze Zeit später an einem tödlichen Messerstich ins Herz. War es ein entwendetes Einstecktuch, das einen Streit auslöste? Eine unvernünftige Attacke des 20-jährigen Erstsemesters? Die ungebremste Aggression des Täters – und auch des späteren Opfers? Verletzter Stolz womöglich? Heftiger Alkoholkonsum? Andere Substanzen?

Vor Gericht stand später ein 26-jähriger Pharmaziestudent, der sich nach der Tat mit seinen Begleitern aus dem Staub gemacht hatte, der die Tatwaffe wohl weggeworfen und sich am nächsten Tag aber der Polizei gestellt hatte. Einen Anwalt brachte er gleich mit. Er kam der Verhaftung durch die Polizei nur knapp zuvor und wurde in Untersuchungshaft genommen.

Während der Auseinandersetzung vor der Tür des Lokals ein Messer in der Hand gehalten zu haben, hatte er schon zugegeben. Eine Waffe zu benutzen war für ihn kein ungewöhnlicher Vorgang, immerhin hatte er als Mitglied einer pflichtschlagenden Verbindung schon Mensuren gefochten. Bei der Hausdurchsuchung hat man eine weitere Waffe gefunden: eine „Präzisionsschleuder" mit Munition.

Nach Zeugenaussagen und einer nicht ganz hieb- und stichfesten Rekonstruktion, wurde deutlich, dass es wohl zu einer heftigen, anfangs nur verbalen Auseinandersetzung zweier Gruppen Studenten gekommen war. Das spätere Opfer war sehr erregt, vielleicht aggressiv gewesen und hatte, bewaffnet mit dem Pfosten eines Straßenschildes, den schwer betrunkenen Täter herausgefordert. Der jedenfalls hatte seine Waffe schon in der Tasche und ohne Vorwarnung zugestochen. Die Umstehenden der einen wie der anderen Gruppe hatten den Vorgang seltsamerweise gar nicht bemerkt, so als wären die beiden Streitenden unvermittelt, „unglücklicherweise" zusammengestoßen. Das Messer hatte das Herz des jungen Studenten getroffen, ob zufällig oder gezielt war im Nachhinein schwer zu beurteilen.

Der Staatsanwalt forderte eine Freiheitsstrafe wegen minderschweren Totschlags: Der Täter habe die tödliche Verletzung mit der zehn Zentimeter langen Klinge seines Taschenmessers immerhin billigend in Kauf genommen. Als strafmindern wirkte sich aus, dass der Verbindungsstudent Reue gezeigt habe.

Die drei Anwälte des Täters bewerteten die Situation ganz anders: Es sei eben nicht auszuschließen, dass der Täter in einer Notwehrsituation gehandelt habe. Denn vor dem tödlichen Stich habe es eine tätliche Auseinandersetzung gegeben, von Tritten gegen den späteren Täter war die Rede. Das überzeugte den

Richter der Schwurgerichts: Der 27-jährige Täter, damals im Zustand verminderter Schuldfähigkeit, wurde freigesprochen. Er musste sich lediglich wegen illegalen Waffenbesitzes verantworten und wurde sogar für die einmonatige Untersuchungshaft entschädigt.

Gehe ich die Stufen der Engen Gasse hinunter in Richtung Pilgrimstein, eine schlecht beleuchtete Gasse, die abends eher dürftig frequentiert wird, beschleicht mich eine weitere Erinnerung an eine grausige Begebenheit. Hier am Fuße der Oberstadt, wo sich der Autoverkehr an enger Stelle durch die Stadt schiebt, kam es 1989 zu einem anderen Verbrechen unter Studenten. Auch ich passierte damals diese Stelle täglich mit dem Auto, auf dem Weg von der Uni aufs Land in meine Studenten-WG. Fast immer hat es sich hier gestaut. Eine zunächst völlig unspektakuläre Situation, die einen als Autofahrer schon mal ungeduldig werden lassen kann.

Einmal jedoch artete der Stau in tödliche Aggression aus. An jenem düsteren Winterabend zur besten Rushhour wollte ein Student in seinem Kleinwagen nach links abbiegen, wurde wegen des Staus aber daran gehindert. Deshalb versuchte er, sich am Stau vorbeizudrängeln, mit den Rädern auf dem Gehweg. Das brachte einen Fußgänger so in Rage, dass er gegen die Tür des Wagens trat. Wutentbrannt verließ der Fahrer sein Fahrzeug und nahm die Verfolgung des flüchtenden Fußgängers auf. Als dieser außer Puste geriet, immerhin geht es hier leicht bergan, erreichte er ihn fast. Dann geschah das Unfassbare: Der junge Fußgänger, er ist Zivildienstleistender, zog eine Waffe. Dabei löste sich ein Schuss, der ihn selbst leicht verletzte. Er drückte ein weiteres Mal ab und sein Verfolger sackte zusammen. Ein Bauchschuss tötete ihn, die Notoperation hat ihn nicht retten können.

Man fühlte sich wie in einem Krimi. Ganz Marburg war fassungslos. So etwas in dieser friedlich-pittoresken Studentenstadt war nicht vorstellbar.
Der Schütze entkam durch den Botanischen Garten, konnte aber rasch identifiziert werden – Marburg ist klein. Bei ihm wurde eine ganze Waffensammlung sichergestellt und vor Gericht eine schwerwiegende Persönlichkeitsstörung attestiert – sieben Jahre fordert der Staatsanwalt. Die sollte er nun in der Psychiatrie absitzen. Doch nach Revision des Urteils wird festgestellt: Der Täter habe sich in einer notwehrähnlichen Lage befunden. Er wurde freigesprochen, musste 3000 Mark wegen unerlaubten Waffenbesitzes zahlen.
Auch dreißig Jahre danach ist der Verkehr an dieser Stelle nicht weniger geworden, eher im Gegenteil. Etwas Ähnliches hat sich aber danach nicht wieder ereignet.

Am Rabenstein

Einen herrlichen Blick über das Lahntal und die Stadt hinauf zum Schloss hat man von hier. Eine Parkbank steht zum Ausruhen nach dem schon etwas beschwerlichen Anstieg bereit, mitten auf der steinernen Terrasse, wo die Köpfe einst rollten. Die Sicht ist frei, die Bäume für einen Ausblick gerodet. Die angelegte Bismarckpromenade endet hier. Unter dem steinernen Podest gibt es eine Bank – ein lauschiges Plätzchen. Große Schwärme von Krähen kreisen über der Stadt, suchen sich am frühen Abend einen Platz für die Nacht. Sie sitzen in großen Scharen auf den Dächern, um sich unvermittelt wieder emporzuschwingen. Der Himmel rauscht und kreischt.

Gerichtsstätte Rabenstein

Ludwig Hilberg war der letzte, der an dieser Stelle hingerichtet wurde. Es war möglicherweise aber auch die letzte Hinrichtung überhaupt in Hessen. Viele neugierige Marburger zog es damals auf die Anhöhe der östlichen Lahnberge gegenüber von Schlossberg und Oberstadt. Lange hatte es so etwas nicht mehr gegeben. Ein großes Spektakel wurde erwartet, bei dem man Sorge tragen musste, die Richtstätte sorgfältig abzusperren. Geschäftstüchtige Gastronomen, die einen Ausschank einrichten wollten, wurden vertrieben. Die Obrigkeit hatte eine solche Vermarktung verboten. Gleichwohl war eine öffentliche Hinrichtung von jeher ein bedeutendes Ereignis gewesen, das viele Menschen anlockte.

Hinrichtungen fanden in Marburg zuvor auf dem Marktplatz statt, wo die zum Tode Verurteilten an den Galgen kamen. Ab 1460 hatte Marburg einen eigenen Scharfrichter, der in Weidenhausen in der damaligen Henkersgasse zu Hause war. Die Hinrichtungen verlagerten sich im 16. Jahrhundert an den Stadtrand,

wo der Galgen am Ortenberg und später am „Kaff“, der letzten öffentlichen Gerichtsstätte Marburgs, stand. Zu Beginn des 19. Jahrhunderts wurde der Galgen abgebrochen und die Todesstrafe wurde nur noch mit dem Schwert vollzogen.
Die steile Scheppe Gewisse Gasse hinauf ging der Weg für die zum Tode Verurteilten. Im Straßennamen verbirgt sich bis heute das „Gewissen der Schöffen“. Es ging zur halbrund angelegten Richtstätte, die Rabenstein genannt wird, wo der Henker schon wartete. Der Name des Ortes mag sich auf die Vögel beziehen, die nach der Urteilsvollstreckung den Ort aufsuchten, wohl nach geeigneter Nahrung …

Im Hexenturm

Eigentlich heißt er „Weißer Turm“ und ist ein Teil der Befestigungsanlagen im Nordwesten des Marburger Schlosses. Im 15. Jahrhundert wurde der mächtige runde dreigeschossige Turm erbaut, den eine grausige Geschichte umgibt. Denn nicht nur Hilberg oder andere Schwerverbrecher haben hier im dunklen Kerker hinter den meterdicken Mauern auf ihre Gerichtsverhandlungen warten müssen. Nur drei Gefangenen soll jemals die Flucht geglückt sein. Es war 1577, als sie sich ein Loch durch den vier Meter dicken Stein in die Freiheit gehauen hatten. Da hatte der Weiße Turm schon seinen neuen Namen.
Obwohl er als Wachtturm gebaut worden war, fanden im Weißen Turm schon früh Verbrecher ihre letzte Aufenthaltsstätte. Gefängnisse waren im Mittelalter keine Orte, wo man seine Strafe absaß, sondern Orte, an denen man auf seinen Prozess wartete, dessen Ausgang meist eine körperliche, häufig die

Todesstrafe zur Folge hatte. Hier fristeten sie, ob schuldig oder nicht, ihr hoffnungsloses Dasein in kleinen dunklen Zellen, deren vergitterte Fenster kaum einen Blick in die Welt draußen zuließen.

Zellentür Hexenturm

Der Hexenturm hatte in den beiden unteren Geschossen je vier Zellen, die obere Etage bewohnte der Wärter. Bis ins 19. Jahrhundert lagen hier die Gefangenen unter fadenscheinigen Decken, auf verdreckten Strohsäcken, im kaum geheizten Raum.

Hier hatte die Hexenverfolgung in Marburg ihren Ort, denn – vor allem – Frauen, die der Hexerei bezichtigt wurden, wurden hier eingesperrt, bis sie nach qualvollem Aufenthalt und Folter über den Marktplatz hinauf zum Rabenstein zu ihrer Hinrichtung gebracht wurden. Sie starben am Galgen, durch das Feuer oder Schwert. In Marburg gab es hunderte Hexenprozesse und in diesem Zusammenhang sicher mehrere Tausend aktenkundige Vorgänge. Doch es waren nicht nur Marburgerinnen, über die hier gerichtet wurde: Marburg hatte die Gerichtsbarkeit über einen großen Teil des Gebietes von Hessen-Kassel. Viele der Akten befinden sich noch heute in der Stadt, sorgsam verwahrt im Staatsarchiv.

Unzählige Menschen sind zwischen 1500 und 1700 denunziert worden, von ihren Nachbarn, von Neidern, Streitsüchtigen, von Menschen, die sich vor Armut und Krankheit fürchteten in einer ungewissen Zeit. Vor allem eben Frauen wurden zu Sündenböcken gemacht. Man beschuldigte sie der Ketzerei, der Zauberei oder des Bundes mit dem Teufel. Es waren junge, aber auch viele alte Frauen, Witwen, die dem Staat zur Last fielen, unliebsame Personen, wie etwa eine Katharina Staudinger, die unter Folterqualen, während man ihr die Schrauben zuzog, immer wieder ihre Unschuld beteuerte. Peinliche Befragung wurde das genannt. Gemeint war die reine Tortur – die Pein sollte Geständnisse erzwingen. Sie widerstand eine Weile tapfer, bis sie vor Erschöpfung zusammenbrach. Die über 70 Jahre alte Frau wurde, so heißt es, auf dem Scheiterhaufen verbrannt.

Peinliche Verhöre

Ein Schicksal von vielen findet man in Marburg im Archiv im Bestand 260, der voller Belege zur grausamen Hexenverfolgung in und um Marburg ist, besonders im ausgehenden 17. Jahrhundert. Es ist das ausführliche Folterprotokoll aus der Prozessakte einer Frau aus einem Dorf nahe Marburg:
Katharina Lips, geboren 1625, stammte aus Betziesdorf, sie war die Ehefrau des lokalen Schulmeisters, der auch Küster war, ein „Opfermann", so heißt es. Katharina war Mutter und Großmutter. 1671 wurde sie von einer Frau aus dem Nachbarort der Hexerei beschuldigt. Unter Folter hatte sie eine Aussage gemacht. Die Schulmeistersgattin habe Schadenszauber betrieben, Kinder und Vieh getötet, und beim Hexensabbat mitgemacht. Nicht nur diese Frau hielt Katharina für eine Hexe, auch viele im Dorf hatten sich gegen sie und andere Frauen des Dorfes verschworen.

Sie wurde daraufhin verhaftet und mit hoher Wahrscheinlichkeit im Weißen Turm eingesperrt. Wegen Frauen wie ihr wurde der alte Gefechtsturm zum „Hexenturm“.
Frau Lips war nicht die einzige Beschuldigte aus Betziesdorf. Eine ganze Welle der Anschuldigungen wegen Hexerei war über das Dorf gekommen. Die erbarmungswürdigen Frauen wurden in Marburg vom Halsgericht „peinlich“ verhört. Vielleicht kamen viele von ihnen auf diese Weise zum ersten Mal in die große Stadt.
Die Urteile wurden auf dem Marburger Marktplatz verkündet. Bevor der schwere Weg zum Rabenstein oder einer anderen Richtstätte ging, machte der Karren an der Weidenhäuser Brücke halt: Viele Frauen mussten sich hier möglicherweise der absurden Wasserprobe unterziehen, an einer Stelle, die „der Hexenpfeiler“ genannt wurde.
Aber Katharina war eine starke Frau, auch stark im Glauben. Sie bestritt auch unter der Folter alle Vorwürfe, mit dem Teufel im Bunde zu sein … und hatte mehr Glück als manche andere. Sie erreichte nach der ersten Tortur ihre Freilassung, freilich auf Kaution. Wer die gezahlt hatte, ist ungewiss. Ihr Ehemann war es wohl nicht gewesen, denn der soll sich geweigert haben, Katharina wieder bei sich aufzunehmen.
Katharinas Enkelin, Anna Schnabel, Ännchen genannt, war dagegen kein langes Leben beschert. Sie wird denunziert und wie die Großmutter der Hexerei bezichtigt. Zusammen sollen sie zum Hexentanz gefahren sein, die Junge und die Alte. Ein Jahr nachdem die Großmutter inhaftiert, gefoltert, aber begnadigt worden war, wurde Anna verurteilt. Auch Ännchen, angeblich von der Großmutter beeinflusst, ja verzaubert, hatte unter der Folter gestanden. Sie wurde nur 17 Jahre alt. Man hatte sie zum Tod durch das Schwert verurteilt. Die Enthauptung galt damals

als gnädiges Verfahren. Sonst wäre auch sie wie viele andere qualvoll langsam verbrannt worden.
Im Staatsarchiv liegt heute noch eine Akte mit dem Bericht des Oberschultheißen von Wehrda über die Scharfrichtergebühr für die „Hexen“ Schnabel, Staudinger und andere – alles wurde akribisch aufgezeichnet.
Die Eltern haben die junge Frau nicht vor der Hinrichtung, ihren Leichnam aber immerhin vor der Anatomie retten können. Angeblich liegt sie auf dem alten Friedhof bei St. Jost. Ihr Grab ist heute nicht mehr zu finden.
Tragischerweise, aber keineswegs ungewöhnlich, hatte Anna ihre Großmutter in ihrem Geständnis beschuldigt. So erlitt Katharina eine zweite grausige Tortur, die mit allen Details in einem Protokoll der Folter festgehalten wurde: Wie ein Hund habe sie gejault: Oh wehe, wehe! Die dicken Mauern des Weißen Turm werden ihre Schreie nicht nach draußen gelassen haben. Man habe ihr zugeredet, die Wahrheit zu sagen, so wird es im Proto-

Hexenturm am Marburger Schloss

koll formuliert. Aber gesagt habe sie nichts, wie beim ersten Mal. Sie kenne und wüsste ja nichts. Man seilte sie an den Zehen an, es wurden Schrauben an ihre Beine angesetzt, mal links, mal rechts, immer wieder zugedreht und wieder locker gelassen. Es wird die gefürchtete eiserne Beinschraube gewesen sein, die das Fleisch brutal quetscht, die Knochen zu brechen vermag. Mehrmals hat man ihr den verkrampften Mund versucht aufzubrechen, um ein Geständnis zu erzwingen.

Sie sei keine Hexe, schrie sie und verstummte wieder. Sie rief nach der verstorbenen Mutter, flehte den Herrn im Himmel an. Niemand konnte ihr helfen. Doch sie leugnete beharrlich. Ihre Kopfhaare wurden geschoren, man stach sie mit Nadeln. Das Protokoll vermerkte, dass sie dies offenbar nicht gespürt habe und dass kein Blut geflossen sei – das und ihre enorme Standhaftigkeit konnte für die Richter nicht mit rechten Dingen zugegangen sein.

Das Protokoll dieser Tortur wurde an die Landgräfin übergeben und sie, die verwitwete Hedwig Sophie von Hessen-Kassel, war es schließlich, die von nun an mehr „Behutsamkeit“ in den Hexenprozessen fordert. Die Prozesse nehmen tatsächlich nach dieser großen Welle ab.

Katharina blieb am Leben und kam frei, wurde aber des Landes verwiesen. In welchem körperlichen Zustand sie sich befand und wo sie hat unterkommen und weiterleben können, bleibt der Nachwelt verborgen. Viele der gefolterten Frauen, die am Leben blieben, fristeten ein erbärmliches Leben in Armut als Krüppel.

An keiner Stelle in der Stadt wird derzeit der als Hexen beschuldigten Menschen gedacht. Die Stadt Marburg hat für das Jahr 2020 ein Themenjahr „Hexenglaube und -verfolgung“ geplant, in dem die Aufarbeitung der Themen forciert werden soll. Marburg will Zeichen gegen Vorurteile, Diskriminierung und Gewalt setzen.

Düstere Gänge rund ums Schloss

Da hängt es, hoch oben an den feuchten Steinen der Kasemattendecke, das kleine flauschige Säckchen: Es ist ein Kokon mit den Eiern der Großen Höhlenspinne, die sehr genügsam ist und mit diesem ungemütlichen Plätzchen zufrieden ist, sich nährt und fortpflanzt. Wir sind in den kühlen dunklen Gängen neben dem Marburger Schloss und hatten eigentlich andere Bewohner erwartet. Denn hier sind Fledermäuse zu Hause. Das Kleine Mausohr, die Zwergfledermaus oder die Mopsfledermaus verbringen hier die kalte Jahreszeit. Aber es ist April und keine einzige ist mehr zu sehen. Es hätte ja sein können, denn wir sind die erste Besuchergruppe, die die Kasematten nach der Winterpause besichtigen darf. Dafür gruselt es manche jetzt vor der Höhlenspinne, die sich aber auch nicht sehen lässt.

Erstaunlich lang sind die Gänge der alten unterirdischen Verteidigungs- und Geschützanlagen. Insgesamt fünf Kasematten auf einer Gesamtlänge von 700 Metern sind zu entdecken. Im Süden und Norden des Schlossbergs werden wir zu Eingängen geführt, die auch uns Einheimischen bisher verborgen geblieben sind. In den südlichen Gängen gibt es Reste eines Turms, einen Rauchabzug, ein paar eiserne Ringe und einen spärlichen Rest einer Wasserleitung. Nur ein einziger Blick ins Freie ist uns gewährt, da hinaus, wo man einst die Truppen den Berg hinaufkommen sehen konnte, zur Ablösung.

Im Norden, im Untergeschoss des Hexenturms, waren die Geschütze aufgehängt. Die Kasematten in unmittelbarer Nähe des Turms sind neueren Datums und waren lange verschüttet. Im Siebenjährigen Krieg hatte sich gezeigt, dass die Festungsanlage wenig taugte und 1807 sprengten schließlich napoleonische Soldaten große Teile der Kasematten.

In den Kasematten

Hier drängen wir uns durch einen schmalen Aufstieg, durch den wir gleich wieder in einen offenen Raum, überwölbt mit Stahlträgern, die uns die Höhe der Kasematte andeuten sollen, gelangen. Und schon geht's wieder hinunter über eine enge, unebene und glitschige Treppe, durch einen Schlauch von Gang, bestimmt 50 Meter lang, der endlich in einer großen Halle endet. Wo sind wir? Die Orientierung scheint verloren. Zum Glück sind wir nicht allein, die kundige Führerin scheint vertrauenserweckend, obwohl … einer der Schlüssel in die Unterwelt ließ sich nur schwer drehen, verhakte sich besorgniserregend.
Hier unten, irgendwo unter dem Schloss, tief im Berg bekommen wir eine Ahnung davon, was hier vor Jahrhunderten vor sich ging. Ein Geschütz kann man besichtigen und die dazugehörigen Kanonenkugeln bestaunen, allerdings keine

Marburger Originale. Außer den Schießscharten gibt es keine Licht- und Luftquellen – keine angenehmen Arbeitsbedingungen für die geplagten Soldaten, die hier im Qualm des Schwarzpulvers bei ohrenbetörendem Lärm der Geschütze ihrer Aufgabe nachgehen mussten. Sie mussten Marburg verteidigen gegen feindliche Truppen auf dem gegenüberliegenden „Gebrannten Berg“. Es war zum Glück nicht allzu oft nötig. Viel elender und unerträglicher, so erzählt die Gästeführerin, muss es den Marburger Einwohnern unten in der Stadt gegangen sein, die den marodierenden Soldaten schutzlos ausgeliefert waren.
Heute qualmt es hier nicht mehr und die Fledermäuse haben ihre Ruhe, bis sie wieder ausschwärmen. Heute kommen nur die Touristen, die sich in die feuchte Tiefe wagen.

In der Tiefe des Lahnfelsens

Jahrelang sollen sie im dunklen Schacht ausgehalten haben, gehauen und gegraben haben sie, wenn die Geschichte wahr ist, denn es ranken sich um solch besondere Bauwerke oft seltsame Legenden: die beiden armen Sträflinge, die dazu ausersehen waren, eine Verbindung zum Wasser zu schaffen. Durch hundert Meter mussten sie sich durchgraben, um den Wasserspiegel zu erreichen, bis zur Sohle des Lahntals nämlich. Man soll ihnen die Freiheit versprochen haben, wenn sie damit fertig wären. Und tatsächlich tauchten sie nach sieben Jahren wieder an der Oberfläche auf. Wie haben sie dort überleben können? Wer hat sie versorgt? Welch schauderhafte Vorstellung eines langen mühseligen Alltags in der feuchtkalten Finsternis! Kaum ins Tageslicht

zurückgekehrt, brach der eine zusammen und war sofort tot, der andere erblindete. Überlieferungen zufolge soll dies im 13. Jahrhundert geschehen sein. Wir hoffen, es ist eine Legende.
Die Wasserversorgung war für das hoch auf dem Berg liegende Landgrafenschloss schon immer eine Herausforderung. Wasserleitungen aus ausgehöhlten Erlenstämmen, von der Marbach und vom benachbarten Grassenberg, wo es Brunnen gab, haben wohl eine Zeit lang die Versorgung sichergestellt. In Zisternen wurde auf dem Schloss das Wasser gesammelt, ein enormes Wasserreservoir lag zum Beispiel unter der Nordterrasse. Von dort wurde das Wasser an tiefere Orte verteilt. Ein solcher Verteilerschacht, allerdings für die städtische Wasserversorgung, ist auch der sog. Kump an der Wasserscheide in der Oberstadt, ein Gewölbe, das auch schon anderweitig genutzt wurde. Vor einigen Jahren fanden hier sogar kleine Theateraufführungen statt.
Im 16. Jahrhundert war an der Lahn eine „Wasserkunst" gebaut worden: So konnte man mittels Wasserkraft über Leitungen Lahnwasser hoch zum Schloss pumpen. All diese Maßnahmen genügten jedoch kaum den mengenmäßigen Ansprüchen des Schlosses, denn die Rohre waren anfällig und vor allem bei Belagerungen der Stadt keineswegs sicher. Also wurde der erwähnte Schlossbrunnen, im Gewölbe unter der nördlichen Terrasse des Landgrafenschlosses, mühsam wieder instand gesetzt. Geröll und Sand mussten herausgeschafft, zum Teil musste neu ausgeschachtet und gemauert werden. Landgräfin Hedwig Sophie gab den Auftrag Ende des 17. Jahrhunderts dazu. Die obersten vier Meter sind auch heute noch gemauert, dann geht der Schacht 50 Meter (mit einem Durchmesser von 2,5 Metern) durch den natürlichen Fels und noch einmal 45 Meter weiter in die Tiefe, wo er mit Sandsteinquadern ausgebaut wurde. Eine

langwierige und auch gefährliche Tätigkeit: Während der Reparaturarbeiten soll das Tau, an dem sich einer der Werkmeister angeseilt hatte, angeschnitten gewesen sein – vielleicht ein Anschlag, auf jeden Fall ein ungelöster Marburger Kriminalfall, bei dem der Mann zum Glück nicht zu Schaden kam.

Die alltägliche Arbeit am Brunnen muss ungemein anstrengend gewesen sein. Für das Hochziehen der Kette, an der die Wassereimer hingen, musste der Brunnenmeister bis zu zehn Männer einsetzen. Allein die lange Eisenkette soll 17 Zentner gewogen haben und war nicht immer einsatzfähig, sondern ist auch schon mal gebrochen und in den tiefen Schacht gestürzt. Schon wenig später verlor der Brunnen seine Bedeutung. Hundert Jahre danach, in preußischer Zeit, gab es wieder eine Aktivierung des tiefen Brunnens und große Erleichterung durch eine im Brunnenkessel in der Talsohle eingesetzte Gasmotorpumpe. 1902 wurde seine Nutzung dann endgültig beendet.

Wenn heute Gäste den Brunnen, der 2012 restauriert und von zehn Meter hohem Unrat befreit wurde, besichtigen, bietet sich ihnen ein besonderes Schauspiel, von den Gästeführern inszeniert. Eine Münze hätte es vielleicht auch getan. Eindrucksvoller aber ist ein Schwall Wasser, aus einem kleinen Eimerchen hinuntergegossen, der unglaubliche 12 Sekunden braucht, bis man es unten plätschern hört.

Bei den Schlossbergwinzern

Beim Gang über die holprige Landgraf-Philipp-Straße hoch zum Schloss, wenn einem schon langsam die Puste ausgeht, rechts von der alten Kanzlei, sieht man eine rote Holztür in der hohen Mauer. Schon jahrelang hat man hier niemanden ein- und ausgehen sehen und sich gefragt, was wohl dahinter sein mag. Hinter dieser Tür hat sich in den letzten zehn Jahren einiges abgespielt. Hier verbirgt sich ein kleines, aber feines Projekt, denn hier wird der Wein des Schlossbergs verarbeitet und gelagert.

Ganz dunkel ist es nicht, denn hier muss vor allem gearbeitet werden. Aber ein großer Esstisch, über dem ein großer Kerzenleuchter hängt, macht deutlich, dass man sich's hier auch gemütlich macht. Einige ehrgeizige Männer, seit kurzem auch eine Frau, haben sich zusammengefunden und tüfteln, probieren, verbessern und verfeinern, was die ca. 200 Rebstöcke über der alten Mauer unterm Schloss geliefert haben. Und sie trinken ihr Produkt auch selbst. Zu Verkaufszwecken haben sie den Wein nicht angebaut. Nur ganz selten lädt man auch mal zu einer Verkostung. Man hat sich inzwischen auf weißen Riesling und roten Spätburger spezialisiert, aber auch andere Sorten schon angebaut. Die wärmespeichernden Sandsteinmauern an diesem Südhang rund um die Weinterrassen helfen bei der Reifung etwas nach. Der Marburger Wein, man höre und staune, gehört zu den Weinen des Rheingaus. Und von dort werden die neuen Freizeitwinzer auch fachlich angeleitet und beraten.

Der Wein hat Geschichte. Als 1334 der Marburger Weinberg an seine neuen Besitzer, die Deutschordensherren ging, war er eine erste Erwähnung wert. Vom Geschmack des Produktes

Schlossbergkellerei

wusste indes ein Gast des späteren Landgrafen wenig Gutes zu berichten. Ungenießbar sei er, der reine Essig, soll er gemeint haben. Das soll sich heute gebessert haben, auch dank der Unterstützung der Rheingauer Profis.

Der Keller ist ideal für den Wein, meist zehn Grad kalt, im Sommer vielleicht mal vierzehn. Man muss sich immer warm anziehen, bekommt auch mal klamme Finger beim Abziehen der Hefe und beim Abfüllen aus den Ballons in Flaschen. Hier wird alles selbst gemacht. Im hinteren Teil des Weinkellers ist das Lager – der ganze Stolz. Rechts davon führt eine Treppe nach oben, eine Sackgasse, die schon lange zugemauert ist. Die herrschaftlichen Räume am anderen Ende der Treppe gibt es schon lange nicht mehr. Die Kellerräume im Berg, die seit Jahrhunderten der Aufbewahrung von Vorräten dienten, waren die Speisekammern unter den Häusern der adligen Bewohner, die sich quasi eine Etage unterhalb des Schlosses angesiedelt hatten. Von den Häusern, den Burgmannensitzen, ist nichts mehr zu sehen.

Wieder vor der Tür im hellen Licht des Frühlings und ein paar hundert Meter weiter bergauf zum Schloss sehen wir endlich das Anbaugebiet, den Marburger Weinberg, idyllisch gelegen über der Stadt: Hier wird's dann eher heiß bei der Arbeit, wenn die Weinlese beginnt. Die Gerätschaften für die Arbeit im Weinberg sind in einem weiteren Keller in der Mauer unter dem Zwinger des Schlosses untergebracht. Hier schließt uns einer der Schlossbergwinzer eine Tür auf, dann eine weitere, ungleich älter, die uns in einen engen feuchten Raum und weg von der Weinkellerei führt. Die Tür ist eine echte Überraschung, darauf waren wir nicht gefasst. In ihrer Mitte bemerken wir eine Klappe mit Eisenbeschlägen und Scharnieren, deren Bedeutung uns schaudernd bewusst wird: Nicht nur im Hexenturm und im Wilhelmsbau des Schlosses also wurden Menschen gefangen gehalten, abgeschirmt von der Welt, nur verbunden und am Leben erhalten über diese Klappe. Drei Zellen sind es, in die uns der Winzer führt, heute vollgestellt mit Mülltonnen, Plastikwannen, Gartenwerkzeugen, leeren Bierflaschen. Von weit oben kommt ein wenig Licht in dieses Verlies, das in den Sandstein des Felses gehauen wurde. Wer hat hier gesessen, warum, wie lange? Die Spuren an der Innenseite der Tür könnten Auskunft geben. Eine Jahreszahl, 1608, gibt einen Anhaltspunkt, ein

Gefängnistür im Schlossberg

paar Namen. Jedenfalls hat wohl mindestens einer der Armseligen seine Tage gezählt, eine eingeritzte Strichliste gibt davon Zeugnis – 29 Striche. Sind es Tage, Monate, Jahre? Ein dunkles Geheimnis, das noch erforscht werden will.
Erst mal wollen wir aber den Landgraf-Philipp-Tropfen probieren.

Grabstätten in der Elisabethkirche

Prächtig ist der goldene Schrein, mit Edelsteinen besetzt, feinste Schmiedekunst. Es glänzt und blinkt und alle staunen, auch wenn er nur vergoldet ist. Von weit kommt und kam man hierher, pilgerte gar, um ihn zu sehen: den Elisabethschrein in der ihr zu Ehren über ihrem Grab erbauten großartigen gotischen Hallenkirche. Er steht eigentlich eher versteckt und trotz seiner Üppigkeit bescheiden in der Sakristei. Elisabeth selbst zeigt sich nur in einer Darstellung im Spiegel an der linken Schmalseite des Schreins, der die Form einer Kirche hat. Bevor die Besucher hinter die Chorschranke in den Hohen Chor kommen, sind sie schon am Mausoleum Elisabeths vorbeigegangen, auf dessen Vorderseite die Begräbnissituation dargestellt ist. Es steht exakt an der Stelle, an der sie in der ehemaligen Franziskuskapelle beerdigt worden war, und deshalb ein wenig schräg im Raum. Manchmal liegt ein Strauß oder ein kleiner Kranz, aktuell einer in den ungarischen Landesfarben, angelehnt daneben.
Elisabeths Gebeine liegen seit Jahrhunderten nicht mehr hier und auch nicht im Schrein, wohin sie der Stauferkaiser Friedrich II. 1236 hatte überführen lassen. Friedrich war damals selbst zugegen, und es wurde eines der größten mittelalterlichen Spek-

takel, zumal in Marburg. Viele Zehntausende Menschen sollen in der Stadt gewesen sein. Damals ließ er Elisabeths Kopf vom Körper trennen. Das Kopfreliquiar steht heute in Stockholm im Museum. Ihr Kopf ist allerdings längst nicht mehr darin, unauffindbar wie ihre anderen Teile und Reliquien, in der ganzen Welt verstreut.

Die ganze Kirche scheint eine große Begräbnisstätte zu sein. Die Tafeln mit Namen der zahlreichen Deutschordensritter, ein barockes Grabmal eines Lippischen Grafen, diverse Wandepitaphe und vor allem der Landgrafenchor, in dem eine Reihe von Gräbern hessischer Landgrafen untergebracht ist, sind Indiz dafür. Mehrere hundert Jahre lang sind hier die Landgrafen, allesamt direkte Nachfahren Elisabeths, und auch manche ihrer Ehefrauen und Kinder beigesetzt worden. Die Grabmäler sind besonders aufwendig gestaltet: die Verstorbenen sind sowohl als Leichname wie in voller Rüstung dargestellt, vollständig und bereit für den Jüngsten Tag. Da liegen Elisabeths Schwager und Deutschordensherr Konrad von Thüringen, das älteste Grab, die Eheleute Ludwig II. und Mechthild im Doppelgrab oder der Vater Philipps des Großmütigen, der schon früh an Syphilis verstarb. Sein Grab beeindruckt mit der äußerst drastischen Darstellung menschlicher Vergänglichkeit: Unter dem oben gut gerüsteten Wilhelm II. winden sich ganz naturalistisch Schlangen und anderes Gewürm um seinen in Alabaster gehauenen Leichnam, der in der unteren offenen Etage des Grabmals einen guten Einblick für die Nachkommen und Touristen bietet. Kröten sitzen dabei, während die Würmer im Begriff sind ihn zu zerfressen. Wilhelms Grab kann einem schon Angst machen. Mir sind die Bilder als Kind nicht mehr aus dem Kopf gegangen.

Auf dem Rückweg im Elisabethchor, der auch eine Taufkapelle ist, finden wir ganz unauffällig im Boden eine Tafel, die uns er-

zählt, dass an dieser Stelle Friedrich der Große und sein Vater, der preußische Soldatenkönig, für eine Weile begraben waren. Erstaunlich: Wie kommt es, dass solche Prominenz in Marburg beerdigt wurde?
Es waren die Amerikaner, die die beiden 1945 zusammen mit Kunstschätzen und sterblichen Überresten weiterer Prominenter aus einem thüringischen Salzbergwerk nach Marburg in Sicherheit gebracht hatten. Marburg lag in der amerikanischen Besatzungszone und war ein „Central Collecting point". Im Landgrafenschloss waren sie zwischengelagert, bis sie in der Elisabethkirche beigesetzt wurden.
Die beiden preußischen Könige sind nach sechs Jahren wieder weitergezogen, nachdem die adligen Nachkommen sie auf Burg Hohenzollern untergebracht haben wollten. Die Leichname von Vater und Sohn sind jedoch auch dort nicht geblieben, sondern, so wie der „Alte Fritz" es gewünscht hatte, schließlich nach über 200 Jahren im Potsdamer Park Sanssouci beigesetzt worden.
Aus dem Salzstollen von Bernterode am Kyffhäuser sind noch zwei weitere Särge nach Marburg transportiert worden. Zwei Särge, die schon bis dorthin eine längere Reise hinter sich hatten. Paul von Hindenburg und seine Gattin sind in Marburg hängen geblieben. Nachdem die schweren Bronzesärge mit ihren Leichnamen eine abenteuerliche Odyssee hinter sich hatten: Von Tannenberg in Ostpreußen, wo sie 1935 mit größtem nationalsozialistischen Pomp in einer eigens gebauten Gruft beigesetzt wurden, zehn Jahre später auf der Flucht vor der Roten Armee mit der Wehrmacht aus Ostpreußen über die Ostsee bis nach Stettin, von dort über Potsdam ins Versteck in besagtem Salzstollen, zusammen mit den Königen und allerhand preußischem Kulturgut, bis sie schließlich ins Marburger Schloss kamen. 1946 wurde das Ehepaar würdevoll, aber ohne Aufse-

Grabstätte Hindenburg

hen, so heißt es, im Schatten des Turmes beigesetzt. So soll es die amerikanische Militärregierung angeordnet haben. Nur die Namen mit Geburts- und Sterbedaten sind auf den mächtigen Steinplatten zu lesen.

Es ist eine unbeleuchtete Ecke im nördlichen Turmbau, wo man sie findet, wenn man Bescheid weiß. Das Ehepaar Hindenburg liegt im Dunkeln. Es gibt keinerlei Hinweis, keine Tafel, keinen Pfeil, der die Besucher dorthin leitet. Und das hat auch seinen Grund, wie die Mitarbeiter der Kirchengemeinde berichten.

Sie hat sich zwar inzwischen gelegt, die Aufregung um die beiden Gräber, aber es hatte schon ordentlich Ärger gegeben. Von allen – politischen – Seiten. Gleich nach der Beisetzung erregte sich der hessische Ministerpräsident und drohte Stadt und Universität. Heute regt sich manch einer der Besucher darüber auf, dass es keine Hinweise gäbe auf das Grab, das es so versteckt und im Dunklen sei. Immerhin sei Graf Hindenburg eine herausragende Persönlichkeit der deutschen Geschichte. Das bestreitet wohl niemand. Dass man aber seine Person im historischen Zusammenhang kritisch betrachten muss, wollen manche nicht einsehen. Hoch symbolisch ist das Grab allemal. Manche haben sich mit der Kirchengemeinde angelegt, weil sie unangekündigt Kränze niederlegen wollten. Auch der Nachfolge-Kameradschaftsverein der Marburger Jäger hat hier jährliche Kranzniederlegungen veranstaltet. Als vor ein paar Jahren die Sparkassenkulturstiftung die Gräber in einer Publikation mit Empfehlungen zur Kultur in Mittelhessen aufgenommen hatte, gab es Ärger mit den Linken in der Stadt. Das Hindenburggrab solle nicht als kulturelle Sehenswürdigkeit angepriesen werden, es sei ein Schandfleck in Marburg. Das Hindenburggrab war nicht als Detail der Elisabethkirche, sondern als einzelne „kulturelle Entdeckung“ in Marburg präsentiert worden. Größeren Ärger gab es völlig unverhofft während eines Konzertes in der Kirche, als eine Gruppe ihren Unmut gegenüber dem Grabmal und seiner Bedeutung kundtat, indem sie mit Buttersäure zu Werke ging. Es sollen auch diverse Werkzeuge dabei gewesen sein, deren Einsatz wohl verhindert wurde. Der Fleck ist noch deutlich zu sehen. Wenn man um Beleuchtung und Zutritt bittet. Die Kirchengemeinde hat eine Lösung des Konflikts in Form einer Tafel gefunden – ein Kompromiss, der den Namen Hindenburgs klug umschifft. Die Texttafel wird sicher nicht jeden überzeugen, setzt aber ein deutliches Zeichen: „Wir gedenken der Opfer von Krieg und Gewalt. Wir haben erfahren, du bist Herr. Das ward uns Trost im Gericht. Mache uns zu Boten deines Friedens.“

Lenchen, Johann und die Hingerichteten

Steil ist der Aufstieg, auf der engen Treppe staut sich's – die Hitze und die zahlreichen Besucher. Marburg begeht seine Nacht der Kunst im Sommer und da ist auch die Ausstellung im Museum Anatomicum dabei. Also einsam ausgeliefert ist man dem bevorstehenden Gruselkabinett, was viele erwarten, nicht. Im dichten Gedränge hier auf dem Dachboden des Instituts wird einem erstmal bewusst, wie dringend die Sammlung neue Räume für ihre Ausstellung braucht.

Auf der Treppe begegnen wir denjenigen, die die Räume mit ihren außergewöhnlichen Exponaten schon besichtigt haben und manchen steht der Schrecken ins Gesicht geschrieben. Das hier ist nichts für Zartbesaitete und schon gar nichts für Kinder – die müssen draußen bleiben. Der „lange Anton" im Flur, das Skelett eines fast 2,5 Meter großen Mannes, der während des 30-jährigen Krieges Soldat war, ist eine Attraktion, die man den Kindern noch zeigen könnte: interessant und kurios ist der Riese einer der Höhepunkte der Sammlung. Wer zum ersten Mal in die stickigen Räume kommt, den gruselt es schon zuweilen. Dabei ist dies ein Ort der Wissenschaft. Eigentlich nicht düster, sondern erhellend. Doch das hilft nichts, wenn einem zahlreiche Skelette begegnen, mehr oder weniger deformiert, mit erkennbaren Skoliosen, merkwürdigen Verdrehungen, in seltsamen Positionen, Schädel über Schädel, außergewöhnliche Präparate, bei denen man Nerven und Blutgefäße farblich hervorgehoben hat, Wachsmoulagen von kranken Körperteilen, trockene und feuchte Präparate, wie man diese sehr menschlichen Teile im Glas nennt. Am verstörendsten sind die feuchten im hinteren Zimmer, unzählige große und kleine Glasbehälter mit am Rumpf zusammengewachsenen Zwillingen, Föten mit Wasserköpfen und anderen Missbildungen, allerlei Krankheitsbilder in Spiritus oder Ähnlichem, wo man gar nicht so genau hinsehen möchte. Manch ein Besucher dreht sich hier rasch wieder um und schiebt seine Teenagerkinder Richtung Tür. Und dann ist da auch noch das bucklige Lenchen, mittendrin.

Unser „Marburger Lenchen“, wie man das Feuchtpräparat fast ein bisschen zärtlich nennt, zeigt uns ihr Inneres ganz ungeniert, aber unfreiwillig. Sie ist Schaustück der Anatomen, und eines der Highlights hier. Dass sie in dieser Form ausgestellt ist, längs aufgeschnitten, mit und ohne ihr Ungeborenes (und ohne ihre Beine, die nicht wichtig waren für die Wissenschaft), hat einen tragischen Hintergrund, eine schlimme Geschichte, die sie

Das so genannte „Marburger Lenchen“, Präparat einer schwangeren Frau

sonst nicht in die Anatomie gebracht hätte. Es ist eine Story wie aus einem Roman, der dann tatsächlich geschrieben wurde. Die Geschichte ist eine, wie sie viele Mädchen Ende des 19. Jahrhunderts so oder ähnlich erlebt haben mögen:

Eine schwangere junge Frau stürzte sich kurz vor der Niederkunft aus Verzweiflung in die Lahn und ertrinkt. Hatte sie ein Student geschwängert und sitzen gelassen? Waren die Schmerzen unter der einsetzenden Geburt so unerträglich für sie? Konnte sie ihr Kind wegen ihres deformierten Beckens nicht auf natürlichem Weg zur Welt bringen? Und was waren ihre Gedanken vor dem Entschluss? Wie hätte sie sich und das Kind durchbringen können? Welche Chance auf ein menschenwürdiges Leben hätte die alleinerziehende Mutter gehabt? Sie teilt das Schicksal mit den Kindsmörderinnen, die vielleicht noch ihr Kind im Marburger Accouchierhaus, einer Art Gebäranstalt, zur Welt gebracht haben, sich dann aber nicht mehr zu helfen wussten. Viele von ihnen sind verhaftet und zum Tode verurteilt worden, weil sie ihren Kindern ein trauriges Dasein ersparen wollten.

Das arme Lenchen hatte den Weg in den Tod für sich und das Kind schon vorher gewählt. Als Selbstmörderin wurde sie natürlich in die Anatomie gebracht, wo man einen toten Körper als wissenschaftliches Anschauungsmaterial dankbar annahm. Leichen für die Anatomie waren rar und zeitweise dringend gesucht, sodass man auf Verunglückte, verstorbene Strafgefangene aus den Zuchthäusern, Zwangsarbeiter und Hospitaliten aus den Anstalten der Region sowie hingerichtete Straftäter zurückgriff. Freiwillig wollte sich kaum einer zur „Zergliederung“, der Sektion, zur Verfügung stellen. Lenchen hatte auch hier keine Chance. Es graust uns vor der Zurschaustellung, der Nutzung ihres Körpers. Mitleid ist das Gefühl, das uns befällt. Und im Roman, der von einem Verbindungsstudenten geschrieben wurde und im übrigen sehr populär wurde, muss der Medizinstudent, der sie geschwängert hat, an der Sektion teilnehmen. Da beginnt er zu bereuen ...

Eng gedrängt stehen in einem anderen Raum nicht nur die Besucher, sondern auch die menschlichen Skelette, ein paar tierische sind auch dabei. Eines sticht heraus: Es ist das „hockende Skelett". Man könnte es übersehen, denn es sitzt vollkommen zusammengekrümmt in einer Glasvitrine – und muss wohl zu Lebzeiten Jahre in solcher Haltung verbracht haben. Die Vorstellung berührt zutiefst. Johann Henkels Skelett, ein medizinisches Kuriosum, dessen Rätsel erst entschlüsselt werden musste, hat nach intensiver wissenschaftlicher Forschung eine individuelle Leidensgeschichte bekommen. Bis vor wenigen Jahren wurde wild spekuliert: Er sei im Keller des Hofs der Familie in Erksdorf wie ein Tier auf Stroh gehalten, eingesperrt gewesen, völlig verwahrlost, vielleicht in Fesseln? Erbschaftsangelegenheiten seien der Grund gewesen. Dass der Mann mehrere Jahre im Hainaer Landeshospital verbracht und dort 1833 gestorben war, wusste man. Dass Johann (geistes-)krank war, im damaligen Sprachgebrauch blödsinnig, und warum, kommt erst heute aus den Akten ans Licht. Er litt auch an einer körperlichen Krankheit, die man damals noch nicht kannte. Fast 200 Jahre später kann man sie im CT erkennen. In jedem Fall ein erbarmungswürdiger Zustand.

Auch mehrere Schädel und Totenmasken von hingerichteten Straftätern aus dem 19. Jahrhundert sind Teil der außergewöhnlichen Sammlung. Einige der mit dem Schwert gerichteten verurteilten Mörder aus ganz Hessen kamen damals ins anatomische Institut nach Marburg. Es sollen mehr als dreißig gewesen sein, von denen einige verschwunden sind. Man glaubte, über die Untersuchung der Physiognomie ihrer abgetrennten Schädel wissenschaftliche Erkenntnisse über ihre verbrecherische Persönlichkeit ableiten zu können. Fraglich, ob das gelungen ist. Die Totenmasken, die von den abgetrennten Köpfen gemacht wurden, stellte man den knöchernen Resten gegenüber. Für uns Heutige sehen sie wie ganz normale Menschen aus, eigentlich ganz freundlich. Vielleicht hatte man sich mehr Erkenntnisse versprochen. Der Schrecken liegt für uns heute eher auf der Praxis der Hinrichtung, der Enthauptung mit dem Schwert. Dass die namentlich Genannten brutale Verbrechen auf ihrem Konto hatten, ja mehrfache Mörder waren, schürt allerdings unsere Neugier auf düstere Kriminalgeschichten. Und von denen gibt es einige im Museum Anatomicum.

Draußen ist es dunkel geworden, die Nacht der Kunst ist noch lang, aber nirgendwo ist es schauriger – und spannender – als auf diesem Dachboden …

Marburgs zweifelhafte Helden

Die alte Jägerkaserne, und die spätere große Jägerkaserne von 1936, sie sind das Tor zum Südviertel Marburgs, der besseren Wohngegend. Kämpfrasen heißt die Straße noch immer, wie der alte Exerzier- und Appellplatz, der zugleich Festplatz war. In der alten Kaserne sind heute ein studentisches Wohnheim und der Fachbereich Psychologie ansässig, in den Gebäuden der großen Kaserne Startup-Unternehmen, Praxen und viele Bewohner.

Die Marburger Jäger oder besser ihre Traditionsvereinsmitglieder, haben sich ein bisschen verzogen, raus aus der Stadt in einen dörflichen Stadtteil auf ein Gartengrundstück, fein umhegt und abgeschlossen, mit Grillhütte, der „Kaserne", und einem Festplatz für die alten Kameraden, die der alten Kameraden des Marburger Jägerbataillons Nr.11 gedenken. Den Stein des Anstoßes haben sie mit umgezogen, dicht eingewachsen ist er inzwischen.

Der Fahrradweg, den viele Marburger an schönen Tagen ins Umland nehmen, führt direkt am Ort des Geschehens vorbei, allerdings aus dieser Perspektive kaum wahrnehmbar. Die Koniferen haben den Stein schon überragt.

Das Denkmal aus Sandstein erinnert an die Marburger Jäger, die im deutsch-französischen Krieg 1870/71 ihr Leben gelassen haben. Es steht symbolisch im Zentrum dieses Gartens, in dem eine problematische Traditionspflege ihren Ort hat. Denn hier wird verschwiegen, an welchen Kriegsverbrechen die Jäger in den letzten Jahrhunderten beteiligt waren. Ein dunkler Fleck auf der Marburger Geschichte, denn das Jägerbataillon war immer eng mit der Stadt, mit den Oberen der Stadt und den Bürgern verbunden. Es steht für das konservative bürgerliche Marburg.

Noch vor kurzem besuchten Stadtverordnete die so genannten Jägerbälle und manch ein Politiker war Mitglied im Kameradschaftsverein.
Dass Freiwillige des Bataillons an Kämpfen gegen Aufständische in China, den Boxern, am Völkermord gegen die Volksstämme der Herero und Nama im ehemaligen Deutsch-Südwest-Afrika und an der Niederschlagung der Pariser Kommune beteiligt waren, scheint bei der Traditionspflege eher unwichtig. In Paris 1871 hatten sie gar aus der Stadt heraus drängende Zivilisten auf der Flucht getötet. Und während des Ersten Weltkriegs im belgischen Dinant wurden durch ihren Einsatz 674 Bürger, die Widerstand leisteten, auf brutale Weise niedergemetzelt – ein Kriegsverbrechen, „Säuberungsaktion" genannt. Auch im oberschlesischen Königshütte waren sie 1919 dabei und schossen auf demonstrierende Bergarbeiter.
Als die SA-Schlägertrupps in Marburg aufmarschieren, nennen sie sich in guter alter Tradition „SA-Standarte Jäger 11". Sie sind es, die Terroraktionen gegen jüdische Mitbürger und den Boykott und die Zerstörung jüdischer Geschäfte organisieren, den Brand der Synagoge auf dem Gewissen haben. Dieser fragwürdigen Helden wird hier gedacht.
Bis der Stein endlich in Bortshausen, einem kleinen eingemeindeten Fachwerkdorf im Süden Marburgs landete, hatte er schon eine Reise hinter sich: von den ehemaligen Schießplätzen im Marburger Waldtal, wo er vergessen und überwuchert war, über die Kaserne auf dem Tannenberg und die Neustädter Kaserne. Irgendwie hatte er seinen Ort nicht gefunden. 2011 wird der drei Meter hohe Gedenkstein quasi mit militärischen Ehren, mit Blaskapelle und Fackelträgern festlich auf dem Gartengrundstück eingeweiht: „Mit Gott, für König und Vaterland". Die Kameraden sorgen sich intensiv, den guten Ruf zu festigen und zu verteidi-

gen, die Geschichte „in Ehren“ zu halten. Auch der Reliefstein aus der alten Jägerkaserne ist bei ihnen inzwischen zu treuen Händen in Sicherheit gebracht worden. Eine Art museale Militaria-Sammlung ist entstanden, alles über die Marburger Jäger, die aber nicht öffentlich zugänglich ist. So wie auch der Festplatz massiv umzäunt ist. Hier möchte man unter sich sein.

Doch so ganz unter sich blieben die Herren nicht. Beim Ostermarsch 2012 spazieren friedensbewegte Gruppen, Bündnisse „gegen rechts“, und „gegen den Krieg“, Gewerkschafter, Parteien und andere Verbände von Cappel nach Bortshausen. Sie forderten den Rückbau des Kriegerdenkmals, stellten sich gegen Militarismus, Geschichtsrevisionismus und die „Militarisierung Bortshausens“. Jetzt kam Bewegung in die Angelegenheit – und auch die Stadt meldete sich zu Wort. Die Rechtslage wurde überprüft und 2014 stellte man fest, dass mit der Aufstellung des Gedenksteins gegen öffentlich-rechtliche Vorschriften verstoßen worden war. Dies sei keine gewöhnliche Kleingartennutzung, sondern der Garten weise mit der „baulichen Anlage“ Merkmale eines Gedenkplatzes auf. Der Stein musste weg! Es war rechtskräftig, doch das wollten die Kameraden nicht einsehen und klagten vor dem Verwaltungsgericht. 2016 bekamen sie recht.

Fröhlich feierte die Kameradschaft das jährliche Sommerfest in den folgenden Jahren. Es gab einen neuen Fahnenmast, der „Jägergarten“, wie sie ihn nennen, erstrahlte mit neuer Beleuchtung. Zugleich begann eine kritische wissenschaftliche Aufarbeitung der Geschichte der Jäger – und die Auseinandersetzung verlagerte sich zurück in die Stadt. Denn Marburg hat noch mehr Steine, die die Jäger ehren. Vom Ortenberg schaut ein Adler vom Obelisken auf die Stadt und erinnert an die gefallenen „Helden“. Und dort, wo Marburger Schüler beim Sport zuwei-

Jägerdenkmal Bortshausen

Jägerdenkmal Marburg

len ihre Runden drehen, wo sich Paare zum Rendezvous treffen, neben dem Kinderspielplatz, in einer nach dem Marburger Bürgermeister Schüler genannten Parkanlage, begegnet dem Spaziergänger ein weiterer Gedenkstein in Form einer Sandsteinsäule. Hier wird der Jäger gedacht, die im Ersten Weltkrieg gefallen sind. Die Opfer kommen nicht vor. Das Denkmal von 1923 wird immer wieder Ziel von Sprayaktionen: „Mörder, keine Helden“ ist lange Zeit zu lesen. Die Stadt hat kürzlich die Umgestaltung des Denkmals ausgeschrieben und in Auftrag gegeben. Die zukünftige Installation wird den Gedenkstein nicht berühren, aber optisch umrahmen. „Verblendung“ nennt der Künstler sein geplantes Werk – und meint Verblendung im doppelten Sinn. Gegen die neue Gedenkinstallation haben die Jäger-Nachfolger schon gerichtliche Schritte angekündigt.

Jakob Spier am Pranger

Ein Bild hat sich verbreitet, in der lokalen Presse, aber auch an anderen Orten. Es ist ein Bild aus dem Alltag der frühen NS-Zeit, ein verstörendes Bild, das hätte die Menschen, die es gesehen haben, aufrütteln können, ja müssen. Ein Bild aus Marburg, einer Universitätsstadt, die sich schon früh mit den Nationalsozialisten gemein gemacht hat. Ein Bild aus der Mitte der Stadt, mit den Menschen der Stadt als Publikum. Es ist eine düstere Szenerie, die am helllichten Tag stattfindet.

Die Bücherverbrennung im Mai 1933 am Kämpfrasen im Marburger Südviertel in der Nähe der Kasernen hatte noch in der Dunkelheit stattgefunden, hell waren nur die Flammen der Scheiterhaufen.

Marburg hatte im Jahr 1933 28439 Einwohner, 341 von ihnen waren jüdischen Glaubens. Und natürlich gab es hier auch jüdische Studenten. Einer von ihnen war Jakob Spier. Hatten sie ihn aus seiner Studentenbude geholt, aus der Kasseler Straße und auf den Kämpfrasen gezerrt oder hatten sie ihm womöglich vor dem Haus seiner Freundin aufgelauert? Die Aussagen widersprachen sich und ließen nur Vermutungen zu. Spier, aufgewachsen in der Schwalm, war bis zum Wintersemester 1932/33 Medizinstudent an der Philipps-Universität. Was man auf einer ganzen Sequenz von Fotos sieht:

Jakob Spier läuft am 24. August 1933 inmitten einer Gruppe SA-Männer durch die Stadt. Er trägt Anzug und Fliege, sein Gesichtsausdruck ist starr, erschrocken, und er hält an einem langen Stock vor sich ein Schild in der Hand: „Ich habe ein Christenmädchen geschändet!“ steht darauf. Voran läuft der Spielmannszug der SA. Ein Spektakel. Über die Weidenhäuser Brücke geht der Zug durch die Reitgasse zum Marktplatz,

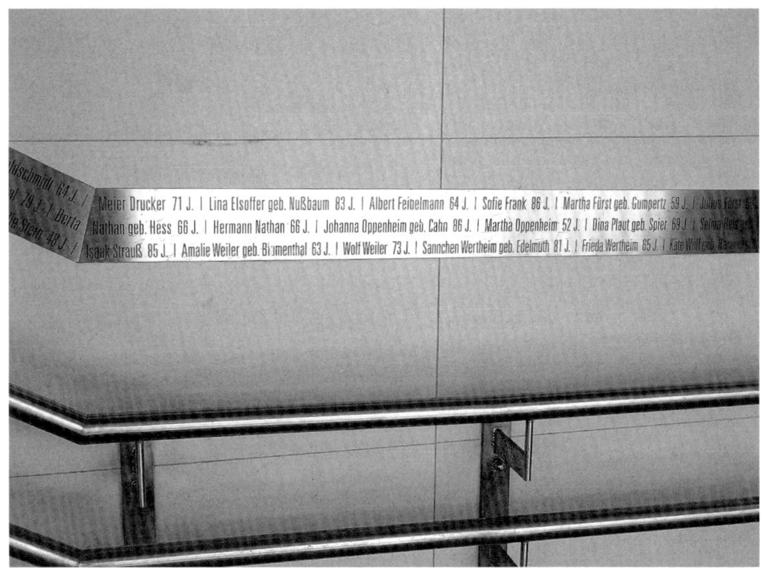

Gedenkband Bahnhof Gleis 8

wo ein Führer der Marburger Studentenschaft, späterer Gaustudentenführer, den jungen jüdischen Studenten anklagt und ihn warnt, je wieder mit einem christlichen Mädchen in Kontakt zu treten und der zugleich die jungen Frauen in der Menge anspricht, sich nicht mit jüdischen Männern einzulassen. Viele Kinder und Jugendliche, fröhlich, sommerlich gekleidet, stehen in der Menge vor dem Marktbrunnen. Durch die ganze Stadt muss Jakob Spier mit dem Schild laufen, er wird getrieben, bis zum Bahnhof. Er trägt seinen Pranger mit sich. Und alles wird fotografisch dokumentiert. Spier wird danach abgeführt und in Schutzhaft genommen. Am nächsten Tag titelt die Oberhessische Zeitung: „Am Pranger“. Und schreibt verharmlosend: Ein Jude sei durch die Stadt geleitet worden. So steht es auch in der offiziellen städtischen Chronik des Jahres 1933.

Von „geleiten“ kann hier keine Rede sein. Es war eine Zwangsmaßnahme, ein Angriff des Hasses von einer Schlägertruppe, die man „Studentensturm“ nennt. Die Mitglieder der SA-Standarte Jäger 11, eine Gruppe, die in der Tradition der berüchtigten Marburger Jäger stand und sich ihres „guten“ Rufs bedient, hatten den Studenten wohl mit Gewalt gegriffen, ihm das Schild aufgezwungen und womöglich am Haus der vermeintlich Geliebten vorbeigedrängt, um dann der ganzen Stadt eine Zurschaustellung seines Vergehens zu präsentieren. Angeblich war Jakob ganz einvernehmlich mit der jungen Frau verabredet gewesen, ja sogar mit Zustimmung ihrer Eltern, die sich nun aber bedeckt hielten. Doch all das war der SA-Standarte völlig egal. Mit der brutalen Attacke sollte ein Exempel statuiert werden. Und zahlreich waren die, die den Pranger-Umzug miterlebten: Dicht gedrängt standen Schaulustige bei der Kundgebung am Markt oder beobachteten den Zug am Rand der Straßen.
Wie lange Spier in der sogenannten Schutzhaft bleiben musste, wie er die kommenden Jahre in Marburg überstand, ist nicht dokumentiert. Aber während seine Schwester 1935 aus dem Heimatort in die Niederlande fliehen konnte, weiß man von Jakob und seinem jüngeren Bruder, dass sie 1936 in die USA ausreisten. Die Eltern konnten ihnen erst zwei Jahre später folgen. Spier lebte dort bis zu seinem Tod 1977 als angesehener Mediziner.
Der Prangerzug des Jakob Spier durch das vormals scheinbar beschauliche und friedliche Universitätsstädtchen zeigt die grausame Menschenverachtung der Nazis und derer, die ihnen zur Macht verhalfen. Spier hatte sich retten können. Aber er hat die brutale Entwürdigung spüren müssen. Und es war erst der Anfang.

Als auch in Marburg 1938 die Synagoge brannte, Läden und Häuser zerstört wurden, Menschen beschimpft, attackiert und misshandelt wurden, waren manche jüdische Mitbürger schon in Sicherheit. Für viele aber gab es keine Rettung. Jüdische Menschen aus Marburg und den Dörfern des Kreises wurden in den nächsten Jahren ausgegrenzt, zur Auswanderung gezwungen, vertrieben. In 1941/41 wurden innerhalb von nur neun Monaten Marburger Juden verschleppt. Es waren insgesamt fast 2400 Menschen, die die Kasseler Gestapo deportierte, 266 von ihnen kamen aus Marburg.
Sie wurden aus ihren Wohnungen zum Marburger Hauptbahnhof getrieben. Der Zug brachte sie nach Kassel in ein Sammellager, von dort aus in drei großen Massentransporten in Gettos und Vernichtungslager: nach Riga, nach Majdanek und Sobibor und die noch in der Stadt verbliebenen alten Jüdinnen und Juden schließlich nach Theresienstadt. 1943 wurden Sinti aus dem ganzen Landkreis nach Auschwitz deportiert.
Nicht einmal zehn Menschen überlebten diese Deportationen. Und es sind nur einige wenige, die in Marburg selbst überleben.

Untergetaucht in der Oberstadt

Er war einer der meist gesuchten Kriegsverbrecher der NS-Zeit, einer der brutalsten, der gewalttätigsten, einer, der unzählige Folterungen, Hinrichtungen, Razzien und Massaker auf dem Gewissen hatte. Den „Schlächter von Lyon" hat man ihn genannt, den gefürchteten Gestapomann, der im Süden Frankreichs eine Hoteletage angemietet hatte, eigens für seine Vernehmungen, bei denen er übelste Foltermaßnahmen praktizierte. Er war bekannt für seine unmenschlichen widerlichen Methoden, die er an Widerstandskämpfern und jüdischen Bürgern anwendete. Er war verantwortlich für über 800 Deportationen, darunter die der jüdischen Kinder von Izieu, einem Waisenhaus unweit von Lyon, Kinder die sich im Süden Frankreichs in Sicherheit gewogen hatten.

Der 1913 geborene Barbie trat früh der SS bei, 1937 der NSDAP, kam nach der Besetzung der Niederlande nach Amsterdam, war dort an der Verfolgung von Freimaurern beteiligt. 1942 übernahm er eine Abteilung der Gestapo in Lyon. 1944 nach Deutschland beordert, tauchte er kurz darauf unter.

Klaus Barbies Name ist durchaus weitläufig bekannt. Dass dieser Kriegsverbrecher sich jedoch einige Monate in Marburg, mitten in der Stadt, aufgehalten hat, unentdeckt, ja freundlich aufgenommen, in einem pittoresken Fachwerkhaus der Oberstadt, ist bei vielen Einwohnern weniger präsent. Wohl auch damals nicht, obwohl angenommen wird, dass Barbies Vermieter im Bilde über seine Person war. Kannte man das Gesicht des Mannes aus der Zeitung oder aus der Wochenschau? Im Haus, wo Barbie im ersten Stock ein Zimmer gemietet hatte, hatten weit prominentere Herren gewohnt: die Brüder Grimm nämlich, denen auch eine Tafel am Haus gewidmet ist.

Barbie wurde im Sommer 1944 aus Lyon, dem Ort seiner schlimmsten Gewalttaten, zurückbeordert. Auf dem Rückzug wurde er verletzt, erreichte Deutschland mit einem Lazarettzug. Bis Anfang Dezember lag er in einem Militärlazarett in Baden-Baden. Rastlos, mit einer Idee im Kopf, meldete er sich obwohl gehbehindert freiwillig fronttauglich, er wollte nach Berlin, konnte dort aber nichts ausrichten und kehrte nach Westen zurück, wo er zu Kriegsende in Gefangenschaft geriet, aus der er sich befreien konnte. Er schlug sich durch zu seiner Frau, die auf einem Gutshof an der Weser in der Nähe von Kassel evakuiert war. Auf diesem Gut schlüpfte auch er, wie noch weitere ehemalige SS-Männer, unter. Doch die Amerikaner waren ihm auf der Spur. Wieder entkam er knapp.

In Kassel traf er einen SS-Kameraden, der ihn nach Marburg brachte und ihm eine Unterkunft besorgte: das Zimmer in der Barfüßerstraße 35. Der Vermieter, strammer Nazi und vormals Blockleiter, war schon seit 1930 in der NSDAP und bei der SA. Er gab ihm gern Quartier in seinem Haus. Klaus Barbie machte so Zwischenstation in Marburg. Zur Tarnung wurde er „Klaus Becker", der sich seinen Lebensunterhalt als Versicherungsvertreter und vor allem mit Schwarzmarktgeschäften sicherte. Ob es ihm gelang, sich an der Universität einzuschreiben, ist ungewiss. Jedenfalls führte er ein nach außen normales Leben im allgegenwärtigen Chaos der unmittelbaren Nachkriegszeit.

Das jedoch reichte Klaus Barbie nicht: Er hatte einen Plan, eine Mission, den Aufbau einer Naziuntergrundorganisation. Dazu zog er von hier aus mit zwei SS-Kameraden in Marburg und mit anderen in Kassel seine Fäden. Barbie stand mit 150 alten SS-Leuten in Verbindung. Es bildete sich ein Kreis ehemaliger SS-Angehöriger, die sich gegenseitig unterstützten. Barbie betätigte sich als Fälscher von Lebensmittelkarten und Wehr-

Haus Barfüßerstraße 35

machts-Entlassungsscheinen, um SS-Leute aus der amerikanischen Kriegsgefangenschaft zu schleusen. Seine kriminelle Energie nutzte er auch für die Geldbeschaffung. Als vermeintlicher Kriminalbeamter verschaffte er sich das Vertrauen einer jüdischen Baronin in Kassel, der er Juwelen im Wert von

100 000 Mark stahl. Doch die Ermittlungsbehörden konnten ihm nichts nachweisen.

Auf offener Straße wurde Barbie in Marburg im August 1946 von amerikanischen Militärangehörigen und einer ehemaligen SS-Frau, die ihn zufällig erkannte, enttarnt und verhaftet. Doch auf dem Weg zu seiner Vernehmung gelang ihm ein weiteres Mal die Flucht mit einem Sprung aus dem offenen Jeep.

Auch ein zweites Mal entwischte er, diesmal bei einer Razzia im Haus eines seiner verbündeten SS-Männer, auch hier mit einem Sprung durchs Fenster. Das nordhessische Pflaster wurde ihm allmählich zu gefährlich. So zog er sich nach Süddeutschland zurück, wo er von der amerikanischen Organisation CIC als Informant angeworben wird. Der Kalte Krieg war schon in vollem Gange – da konnte man einen gewissenlosen, gewieften Antikommunisten nur zu gut gebrauchen. Die Amerikaner waren es auch, die Barbie alias Klaus Altmann 1951 über die so genannte Rattenlinie über die Alpen durch Italien nach Bolivien verschwinden ließen. In Frankreich war er da bereits in Abwesenheit zum Tode verurteilt worden. Viele Jahre arbeitete er als Berater für die bolivianische Militärregierung. In Frankreich verurteilte man ihn 1952 zum zweiten, 1954 zum dritten Mal zum Tode. Was bis vor kurzem nicht bekannt war und die Erkenntnis das Verdienst eines jungen Historikers ist: 1966 wird Barbie ein Jahr lang als Informant der Bundesnachrichtendienstes beschäftigt. Sein Deckname ist Adler.

An vielen Orten werden wir inzwischen an die Nazizeit und ihre Verbrechen gegen die Menschlichkeit erinnert. An diesem typischen, schön sanierten Marburger Wohnhaus geht man vorbei oder kauft sein Gemüse im Laden unten, ohne auf die Grausamkeiten Klaus Barbies aufmerksam gemacht zu werden. Wir gehen vorbei, bestaunen die Architektur und die Grimms …

Unruhige Nächte, blutige Studenten und verbotene Duelle

Für Marburger Bürger waren Studenten schon seit jeher Teil des Alltags: ob als Untermieter, die ihnen einen Teil der Existenz sicherten (so wie die Ziege im Stall) oder als wilde Gesellen, die ihr Wohnumfeld zum Teil lautstark störten, vor allem in der Nacht. Die Marburger Nächte waren schon immer alles andere als ruhig, oft erfüllt von grölenden Gesängen.

Bereits in den ersten Jahren der Universität, zu Landgraf Philipps Zeiten, gaben die jungen Studenten Anlass zur Klage der Marburger Einwohner. Nächtens trieben sie Unfug auf den Gassen, sie seien eine Gefahr für Sicherheit und Ordnung. Ja, sie waren gar bewaffnet, trugen sogar im Seminar ihren Degen. Das versuchte man ihnen mit diversen Verordnungen und Verboten auszutreiben. Waffen zu tragen wurde verboten, Feuerwaffen mussten abgeliefert werden und der Aufenthalt nach neun Uhr auf den Straßen wurde untersagt. Nach dem Abendläuten sollte Ruhe herrschen. Dazu setzte die Obrigkeit bewaffnete Nachtwächter ein, die „Scharwacht“. Das Weinausschenken nach neun wurde ebenfalls untersagt. Keine Zecherei mehr, damit die Studenten anständig studieren am nächsten Morgen, so wurde argumentiert. All das half wenig. Die nächtlichen Ruhestörungen ließen sich nicht verhindern. 1551 kam es zu gewalttätigen Auseinandersetzungen zwischen Studenten und Bürgern. Es soll Verletzte und Tote gegeben haben. Man versuchte der Unruhen verzweifelt mit Bürgerwehren Herr zu werden. Gruppen von bis zu 15 Mann streiften durch die Straßen – auch dies hatte wenig nachhaltigen Erfolg.

Im 17. Jahrhundert sah das kaum anders aus, Strafen gegen die Unmäßigkeit und Disziplinlosigkeit der jungen Männer waren an der Tagesordnung. Trotz Verbotes duellierten sie sich, das „Biersaufen“ griff um sich. Die sich verbreitende Trunksucht wurde für die nächtliche Unruhe verantwortlich gemacht. Und jetzt fingen sie auch noch an zu rauchen.

Im heute noch erhaltenen und zu besichtigenden Karzer kann man sich von all dem ein Bild machen. Die Wände sind voller Zeugnisse solcher Ereignisse. Eine Zeichnung etwa zeigt das Abführen zweier Studenten, die mit Nachthemd bekleidet sind, durch zwei Wächter. Im Namen des Rektors der Universität konnte im 19. Jahrhundert der sogenannte Pedell darüber verfügen, Arrest über Studenten zu verhängen und sie in den universitären Karzer, das Gefängnis für Studenten, bringen zu lassen. Gründe dafür konnten „unerlaubte und polizeiwidrige Vergnügungen“, Nachtschwärmereien, Störung der Sitte und Ordnung des akademischen Lebens, aber auch tätliche Beleidigung oder die Beteiligung an Duellen sein. Die Wächter waren die aus-

Karzer im alten Hörsaalgebäude

führenden Organe. Sie hatten sich „nüchtern" zu verhalten, im wahrsten Sinne des Worts, durften bei den Gängen durch die Stadt und die Wirtshäuser oder auf Festen der Studenten nicht selbst ein Gläschen nehmen. Verschwiegen mussten sie sein und unbestechlich. Und überall zugegen und natürlich gut zu Fuß bei ihren nächtlichen Runden über Treppen und steile Gässchen.

Wer schließlich im Karzer landete, war rasch ernüchtert, eine grausame Strafe erwartete ihn jedoch nicht an diesem Ort. So dichtet ein Insasse: „Als dies Quartier mich aufgenommen, und jene Pritsche mir den Schlaf genommen, da floh die Poesie, die mich hierher geleitet, und Prosa ist's, die mich hinaus begleitet." Allerdings: ab 1866 konnten die Gefangenen ihr eigenes Bettzeug mitbringen, Bücher sowieso. Und Ofen, Waschgeschirr, Beleuchtung und Verköstigung war inbegriffen. Eine Flasche Bier oder eine halbe Wein gehörte gar dazu. Besuche im Karzer waren allerdings nicht gestattet, doch manch einem erlaubte man sogar den Gang zur Vorlesung.

Auch Michail Lomonossow, begabter russischer Bauernsohn mit Stipendium, studierte im 18. Jahrhundert in Marburg und ist nur knapp dem Karzer entgangen. Sein Lehrer, der Philosoph und Mathematiker Christian Wolff zahlte nach einem Streit mit einem Mitstudenten für Lomonossow, der unvermögend war, die Geldstrafe. Sonst hätte man ihn im Dachgeschoss der Alten Universität eingesperrt. Das war jedoch nicht das einzige Vergehen, dessen er sich schuldig machte. Unerlaubter Beischlaf mit Prostituierten oder mit der Tochter der Wirtsleute wurde in dieser Zeit schwer geahndet: Auch hier half Wolff dem talentierten Studenten aus der Patsche. Immerhin hatte der dem weiblichen Geschlecht und der „Wollust" sehr zugetane Russe die Tochter seines Zimmerwirtes in der Wendelgasse geschwängert. Tatsächlich aber heirateten die beiden ein halbes Jahr nach der Geburt eines Jungen, der später noch ein Schwesterchen bekommen sollte. Da war die Familie aber schon in Russland, weit weg vom wilden Studentenleben, und Lomonossov wurde einer der vielseitigsten Wissenschaftler seiner Zeit und gab der Moskauer Universität ihren Namen.

Viele der damaligen Studenten waren in Verbindungen organisiert, wo Trinken und „Pauken“ geübt wurde. Mit Pauken war jedoch nicht das intensive Lernen des akademischen Stoffes gemeint, sondern das Fechten der Mensuren: dies geschah in den schlagenden Verbindungen, die eigens dazu sogenannte Paukböden hatten. Im Roten Graben an der Ecke zum Sauersgässchen war das Universitätsfechthaus, wo geübt wurde. Hier haben sich so manche Marburger Oberstadtkinder auf die Zehenspitzen gestellt und in den für sie aufregenden Saal geschaut und dort Schreckliches gesehen oder zumindest vermutet, verletzte Studenten, viel Blut. Das war die andere Seite des lustigen Studentenlebens. Die Schriftstellerin Ina Seidel, die während ihrer Kindheit vor der Jahrhundertwende eine Weile am Renthof lebte, hat in ihren Erinnerungen von den Beobachtungen am Fenster des Paukbodens literarisch berichtet: „…so trug doch gerade das Gespenstische dieses Treibens, zusammen mit dem dumpfen Klopfen der Schläger und den monotonen Kommandos, dazu bei, die Anziehungskraft dieses Schauspiels unwiderstehlich zu machen. Erfuhr man dann noch, daß ‚im Ernstfall‘ ohne Kopfschutz und – o schauerliches Wort – ‚bis zur blutigen Abfuhr‘ gekämpft wurde, wovon dann die mit Binden umwickelten Köpfe, die verpflasterten Gesichter und die häßlichen frischen Narben Zeugnis ablegten, so lag es nahe, in den Couleurstudenten etwas wie einen mit Vorsicht zu umgehenden barbarischen Stamm zu erblicken, der sich inmitten einer fried-

Grabplatte für einen ermordeten Studenten

lich geregelten Welt seinen höchst unbehaglichen Sitten und Gebräuchen hingab,..." So schreibt sie eindrucksvoll in ihrem Text „Frühe Begegnung" aus dem Jahr 1955.

Auch wenn man sich im Verbindungsmilieu ausführlich im Kampf mit „Korbschläger", Florett und Degen oder Säbeln übte, waren Duelle unter Studenten ausdrücklich verboten. Üblich waren sie dennoch. Es ging schließlich um die Wiedererlangung der Ehre, deshalb forderte man Satisfaktion: ob man beleidigt worden war, betrogen wurde oder andere Ehrverletzungen ertragen hatte. Man wundert sich, dass nicht sehr viel mehr Tote zu beklagen waren.

Ein frühes Zeugnis eines solchen Duells ist ein Gedenkstein in der Kirche von Caldern, einem kleinen Ort im Lahntal nahe Marburg. In einer abgelegenen Ecke des Seitenschiffs versteckt, wird in einem kunstvoll geschaffenen Epitaph ausführlich die tragische Geschichte des Sohns des hiesigen Pfarrers erzählt, die sich im Jahre 1576 abgespielt hatte. Der Theologiestudent Johannes Hartmann Juncken war noch nicht einmal 20 Jahre alt, als ihm ein Duell zum Verhängnis wurde. Folgt man der lateinischen Inschrift und ihrer Übersetzung (die in der Kirche ausliegt) war Johannes zu allem Unglück zu Unrecht von einem Studenten aus Arnsberg herausgefordert worden. An der Wade hatte ihn der Gegner verwundet, was zunächst nicht dramatisch schien. Aber die Wunde brach immer wieder auf in den drei Wochen nach dem Kampf, das Blut war nicht zu stillen und so starb der junge Student im September des Jahres. Der ihn auf dem Gewissen hatte, machte sich sogleich aus dem Staub, wurde aber mit Kirchenbann belegt. In einem ordentlichen Prozess wurde in Marburg schließlich der Stab über ihn gebrochen. Er wurde zum Tode verurteilt.

Marburger Nachtwächter

Ja, er sieht schon ganz authentisch aus, so, wie wir ihn uns vorgestellt hatten: Er trägt einen langen Mantel und sein Horn, natürlich die Laterne und ist ordentlich bewaffnet. Plötzlich steht er vor der kleinen Menschengruppe im dunklen Marburg – die Nacht der Kunst macht die Stadt ein bisschen heller und vor allem lauter. Auf dem Kornmarkt macht er uns erst mal zur Einstimmung ein bisschen Angst mit seinen kurzen Geschichten über Mord und Totschlag, seiner Kenntnis diverser Hinrichtungsarten und den Fähigkeiten seiner Hellebarde. Ein bisschen grantig schaut er uns dabei an, will uns wohl Respekt einflößen, denn das musste er auch in früheren Zeiten. Heute wäre er vielleicht städtischer Ordnungspolizist oder bei einem Sicherheitsdienst angestellt. Vom Mittelalter bis fast ins 20. Jahrhundert waren seine Aufgaben vielfältig, davon erzählt er. Das Tröten und Ausrufen der Stunden der Nacht war nur eine, das allgemein bekannte „Hört, ihr Leut' und lasst euch sagen…". Das stimmt er mit tiefer Stimme auch an diesem Abend an. Und bringt uns mit einem „Marburger Nachtwächter", einem süß-bitteren Kräuterschnaps, natürlich in Marburg gebrannt, in Stimmung. Durch engste Gassen und verborgene Plätze, die auch viele Einheimische noch nicht gesehen haben, führt er uns. Während auf den „Haupt"straßen Marburgs richtig was los ist, ist es hier fast ganz still. Beim Gang durch die kleinen Verbindungsgässchen zwischen Untergasse und Hofstatt erleben wir Marburg, wie es vor ein paar hundert Jahren noch hätte sein können. Hier sind keine Läden, keine Kneipen. Nur wenige geparkte Autos stören das Bild.

Nachdem es 1319 in Marburg zu einem verheerenden Brand gekommen war, der die ganze Oberstadt mit ihren Fachwerkhäusern und Strohdächer zerstört und auch die wenigen steinernen

Häuser beschädigt hatte, hatten alle in der Stadt berechtigte Angst vor solch einer Katastrophe. So war die herausragende Aufgabe des Nachtwächters, Feuer zu melden, um Schlimmeres zu verhindern. Sein Horn fungierte daher vor allem als Sirene, weniger als Turmuhr. Die Bürger wurden so gewarnt, mussten aber selbst für die Löscharbeiten sorgen. Lederne Wassereimer standen dazu griffbereit im Haus. Bei seinen Streifzügen durch die Stadt sollte er darauf achten, dass die Stadttore und die Haustüren verschlossen waren und dass im Inneren der Stadtmauer Ruhe und Ordnung herrschte. Die ganze Nacht ging er die Straßen ab, bis früh um vier, wenn ihn nicht doch mal der Schlaf übermannte und er sich zu einem Nickerchen an eine Hauswand lehnte.

Nicht nur die Studenten, die ja erst später Marburg unsicher machten, auch junge Handwerksburschen und Tagelöhner machten Radau und Ärger in den engen Gassen. Es war stockdunkel bis ins 19. Jahrhundert, als die öffentliche Straßenbeleuchtung eingeführt wurde. Man konnte sich in der finsteren Stadt, die zwar von Stadttoren umfriedet war, durchaus unwohl fühlen. Der dürftige Lichtschein und das Horn zeigten an, dass der Nachtwächter unterwegs war. Das gab für die einen ein wenig Sicherheit. Die anderen, die bösen Buben, die Diebe, die grölenden Trunkenbolde und Streuner wussten so aber immer auch, wo der Nachtwächter gerade war, um hinter seinem Rücken ihre Streiche und kriminellen Handlungen zu begehen. Hatte er einen von ihnen erwischt, durfte er ihn zur Rede stellen. Abschrecken konnte aber die Hellebarde des Nachtwächters wesentlich besser – sie war immerhin eine echte Waffe, mit der der Nachtwächter auch zustechen konnte. Dreifach effektiv war dieses Gerät: Mit einem zwei Meter langen hölzernen Schaft konnte man sich unangenehme Zeitgenossen vom Leib halten,

Emblem Marburger Nachtwächter

mit dem Beil zuhauen, mit dem Spieß stechen und mit dem Haken Fliehende zurückhalten.

Es waren unruhige Zeiten im ganzen Land um 1400. Immer wieder gab es kriegerische Auseinandersetzungen in der Region. Die Pest hatte auch in Marburg gewütet, viele Menschen in der Stadt litten Not und waren unzufrieden. Der Beruf des Nachtwächters, der in diesen Jahren eingeführt wurde, war auf der unteren sozialen Ebene angesiedelt, sein Ansehen und seine Bezahlung lagen kaum über dem der Scharfrichter oder Abdecker, sie galt als „unehrliche“ Arbeit. Die Tätigkeit wurde aber zum Beispiel interessant für ehemalige Landsknechte, die keinen Sold mehr bekamen. Eine Waffe durften sie ja weiterhin tragen.

Fast bis ins 20. Jahrhundert ging ein Nachtwächter durch die Stadt, eine Gestalt wie aus einer anderen Zeit: Später trug er statt des Horns eine Pfeife – und fraglich ist, ob die Hellebarde auch dann noch zu seiner Ausrüstung gehörte. Sicherlich war sie eher den alten Kriegswaffen nachempfunden. Mit Einführung der elektrischen Straßenbeleuchtung endete die Notwendigkeit seines Einsatzes, auch wenn in den kleinen Nebenstraßen zunächst noch Gaslaternen schummriges Licht spendeten. Nächtliche Ruhestörungen sind bis heute an der Tagesordnung geblieben. Ein Banner über dem Eingang zum Oberstadtaufzug wies eine Weile darauf hin, weniger Lärm zu machen, Rücksicht auf die Bewohner zu nehmen, denn die beklagen sich regelmäßig. Leiser ist es durch die Aufforderung nicht geworden.

Erst in diesem Jahr, über hundert Jahre später, setzt die Stadt verstärkt Ordnungskräfte ein, die die nachts besonders lebhaften Plätze, die Partyzonen der Oberstadt und an der Lahn kontrollieren, allerdings ohne Waffen.

Nachtleben im Gewölbekeller

Die Straßen sind heute einigermaßen beleuchtet in der Marburger Oberstadt. Doch viele zieht es in die dunklen Höhlen der Kneipen und Clubs. Den Steinweg hinauf, an der hohen steinernen Mauer mit den Köpfen vom Wolf und den sieben Geißlein entlang, haben wir unser Ziel erreicht. In diese Mauer hinein geht es, in den Keller eines großen alten Bürgerhauses, das auch düstere Erinnerungen an die Nazizeit weckt. Hier braucht es zu jeder Tageszeit eine künstliche Lichtquelle.
Es ist fast zehn Uhr am Abend und die Kneipe schon gut besucht. Im Thekenraum kommt man erstmal zusammen, hier wird geplaudert, getrunken und gekickert. Viel junges Volk ist unterwegs. Man ist fast ein bisschen erstaunt. In dieser Lokalität hätte man auch abgehangene Alt-68er vermuten können, denn es gibt sie schon seit 40 Jahren, die Cavete, den Spielort der Jazzinitiative, den legendären Jazzclub. In diesem niedrigen, muffigen, etwas bedrückenden Gewölbe haben schon echte Stars gespielt. Auch ich hab' im letzten Jahrtausend hier Brian Auger an der Hammondorgel erlebt. Da war's aber noch voller, als an diesem Montagabend. Doch seit vielen Jahren sind auch die Montagabende hier Kult, denn dann ist die Bühne offen. Dann musizieren alte und junge Menschen, bekannte und unbekannte miteinander. Alle halbe Stunde gibt's einen Wechsel auf der kleinen Bühne und meist ist die Stimmung großartig. Im Bühnenraum mit der gewölbten Decke fühlt man sich wie in einer Tonne und an manchen Stellen wie in einer sandsteinernen Höhle. Wir sind im Berg und hier darf's eben auch laut und lebendig werden. Die Diskokugel hängt zwar über den Zuhörern, drehen muss sie sich nicht, hier wird nichts geschönt, hier braucht's keine Deko, hier ist schon genug los.

Auch wenn meistens nicht getanzt wird, bringt die Live Musik irgendwie alle zusammen.
Marburger Kneipen sind alle keine lichtdurchfluteten modernen Räumlichkeiten, wir befinden uns in einer alten Stadt mit vielen Fachwerkhäusern. Oft sind die Räume niedrig, schummrig, gemütlich. Das macht ihren Charme aus und hält die vielen jungen Studenten ganz und gar nicht ab. Man steigt auch gerne mal in den Keller. Im ältesten steinernen Haus der Stadt, ein paar Etagen unter dem Trauzimmer des Standesamts, hat man schon vor mehreren hundert Jahren gern gefeiert. Heute geht's zum Trinken tief ins Gewölbe. Die Treppe ist alt und steil und endet direkt vor der Theke. Seit mehr als 40 Jahren wird hier unten getrunken, u.a. das Kult-Getränk des Hauses – die Altbierbowle, ein Relikt aus den 70er-Jahren, das immer noch geht. Was sich

Im Gewölbe der Cavete

auch gehalten hat und der urigen Kneipe am Marktplatz ihren Namen gegeben hat, ist der dicke Hinkelstein, der dicht über den Köpfen des Thekenpersonals zu schweben scheint. Das alte Gemäuer steht im interessanten Gegensatz zum jungen Publikum. Und kennen diese Erstsemester eigentlich Asterix? Stunden später ist die steile Treppe auf dem Weg nach draußen eine echte Herausforderung. Aber es haben schon andere geschafft …

Im Keller darf geraucht werden, verschämt geht man im Caveau in die Tiefe, dorthin wo auch die Fußballfans verschwinden und auf die Leinwand im Keller starren und mitfiebern. Doch an manchen Tagen kann man hier im Gewölbe, wie der Name verspricht, noch etwas anderes Spannendes erleben. In der Kneipe oben herrscht munteres Treiben, hier wird geredet und gespielt, gegessen und vor allem Bier getrunken. Das wollen wir auch, aber erst wird uns erklärt, was im unteren Teil des Caveau an diesem Abend geschieht. Denn hier werden wir eine ganz neue sinnliche Erfahrung machen, eine neue Sicht auf die Dinge bekommen. Wir wählen im Vollbesitz aller unserer Sinne Essen und Getränke aus. Dann werden wir in die Tiefe geführt, durch mehrere Vorhänge hindurch, bis wir in völliger Finsternis zu unserm Tisch gebracht werden. Jetzt sind unsere anderen Sinne gefragt und die Geräusche werden für uns gleich ein bisschen lauter. Ein paar Gäste sind schon da, plappern nervös und kichern lauter als sonst. Die Augen versuchen sich zu gewöhnen, strengen sich an, vielleicht doch einen Lichtschein zu erwischen. Die Handys haben wir ausschalten müssen. Die Orientierung setzt erstmal völlig aus. Wir tasten uns an die Gläser, hätten wir doch besser Flaschenbier genommen! Das Anstoßen will nicht gelingen, versucht wird es trotzdem. Jetzt kichern auch wir. Ich fühle mich an eine Nachtwanderung im Wald ohne Taschenlampen und Mondschein erinnert, bei der wir komplett die Orientierung verloren hatten und die in einem kleinen Desaster geendet ist – in einem Bach.

Doch hier gibt es Unterstützung durch die freundlichen Bedienungen, die blind sind und sich bestens auskennen – und der Raum ist zum Glück begrenzt. Beim Essen müssen wir uns konzentrieren, deshalb sind auch manche der Gäste stiller geworden. Da geht so einiges daneben, die Salatblätter fallen, der Burger tropft, wohin sehen wir ja nicht. Die Gabel verfehlt den Mund. Erst dort auf der Zunge erschließt sich uns, was wir eigentlich zu uns nehmen, jedesmal eine Überraschung. Ja, die Sinne sind geschärft und ein wenig Gewöhnung tritt ein, entspannt uns. Irgendjemand im Raum hat wohl Suppe bestellt, was er besser nicht getan hätte, sie landet offenbar in Teilen auf Hemd und Hose. So kommt nebenbei auch Kontakt zu den anderen Gästen im Gewölbe zustande, in der „Finstaverne“, wie eine Gruppe von mehr oder weniger sehbehinderten Studenten das Projekt nennt.

Zur Toilette, wo freundlicherweise Licht ist, muss man uns begleiten. Die Situation der Sehenden und Nichtsehenden hat sich umgekehrt, hier werden wir geführt, müssen um Hilfe bitten. Irgendwie haben wir's dann geschafft, Baguette und Salat zu verspeisen und treten den Weg nach oben an. Die Helligkeit ist ein Schock, wir blinzeln und brauchen eine kleine Weile, bis wir wieder richtig sehen können. Eine unglaubliche Erfahrung, die gerade hier in Marburg, wo außergewöhnlich viele Menschen mit Sehbehinderung leben, zur Schule gehen, studieren, einem die Augen öffnet.

Angstraum Tunnel

Auf dem Weg in die und von der PhilFak war zum Glück meistens einigermaßen Betrieb, aber trotzdem beschlich manche abends nach dem letzten Seminar ein mulmiges Gefühl, denn man hatte gehört, dass hier in der kurzen Unterführung mal eine junge Frau attackiert worden war. Wirklich nur ein kurzer Weg, aber schmutzig und düster war es hier. Und immer waren die hässlich gekachelten Wände vollgeklebt mit vergangenen und zukünftigen Veranstaltungen. Die konnten uns vielleicht noch ein bisschen ablenken, aber auf jeden Fall wollten wir schnell durch. Sogar in der Unterführung unter der Biegenstraße fühlte man sich unwohl, ebenso unter dem scheußlich gestalteten modernen Rudolfsplatz, wo sich am Brunnen schräge Gestalten aufhielten und betranken. Und wenn man zum Ortenberg und von der Uni flott abkürzen wollte, war da der Schülerpark zu durchqueren. Nur kurz unter den Gleisen durch, kaum zwanzig Meter, ging's am Ende scharf nach links. Einzig ein blinder Spiegel zeigte, was einen um die Ecke erwartete …

„Angsträume" sind heute ein großes Thema in den Städten – und die Tunnel gehören an erster Stelle dazu. Auch in Marburg wurde häufiger darüber diskutiert, in den 90er-Jahren gab es schon eine wissenschaftliche Studie dazu und in den letzten Jahren wurde es immer brisanter und Forderungen nach Lösungen wurden lauter. Dabei handelt es sich zum Teil nur um gefühlte Befürchtungen und Sicherheitsdefizite, ja manchmal um Panikmache. Doch die Angst ist da und sie wird im Dunkeln spürbar. Auch am Bahnhofsvorplatz oder an den Lahnterrassen vor der Mensa, wo Studenten und andere junge Leute den Abend verbringen, „chillen", feiern, trinken. Bis vor Kurzem war

Jägertunnel

hier nur dichtes Gestrüpp, der Fluss nicht mal zu sehen, jetzt ist hier eine zentrale Partyzone, die viele Menschen zusammenbringt, mit freiem Blick auf Lahn und Stadt. Zugegeben, am frühen Morgen nach einem Wochenende sieht's hier wild aus – viel Müll und Verpackungsreste, aber keine (Pfand)flaschen, die haben die fleißigen Flaschensammler längst fortgebracht. Laut ist es natürlich, lebendig, nicht immer ganz beschaulich und friedlich. Aber auch dieser offene Raum zählt in den letzten Jahren zu einem unsicheren Terrain, das viele Einwohner am liebsten wieder rückgebaut hätten. Mangelndes Sicherheitsgefühl heißt allerdings nicht, dass hier mehr Straftaten verübt werden. Die Stadt hat dennoch reagiert, seit kurzem ist die Beleuchtung verstärkt worden, die Streifen der Ordnungspolizei auch.

Der Bürgermeister hat öffentlich festgestellt, dass es in unserer schönen Stadt keine „No-Go-Areas“ gäbe und den frommen Wunsch geäußert, dass sich in Marburg alle sicher fühlen sollen. In der Nordstadt, dort wo früher der Güterbahnhof war, eine unwirtliche Gegend, verbindet der 80 Meter lange Jägertunnel die Innenstadt mit den Stadtteilen Ortenberg und Waldtal. Weiter oben am Berg liegt das „Studentendorf“. Viele junge Fußgänger und Radfahrer nehmen diesen Weg ins Zentrum. 2016 und 2017 hat es in diesem Tunnel sexuelle Übergriffe auf junge Frauen gegeben. Düster, bedrückend niedrig und am Ende von dichtem Gestrüpp überwachsen, ist dieser Ort. Seit kurzem ist es heller geworden, das Gebüsch ist beseitigt, die schäbigen Wände sind knallig bunt besprayt (ein Sozialprojekt) worden, die städtische Reinigungsgesellschaft kommt öfter vorbei.

Doch damit nicht genug, wacht jetzt auch LiSA über das, was im Tunnel geschieht. Livebild- und Sprechverbindung auf Abruf heißt sie mit vollem Namen. Bei einem Gefühl der Unsicherheit oder möglicher Bedrohung drückten bisher vor allem junge Frauen, die sich von Gruppen junger Männer verfolgt fühlten, einen der sieben neu angebrachten Knöpfe im Tunnel. Einmal gedrückt, ist man in Kontakt mit der ständig besetzten Leitstelle der Feuerwehr. Videoaufnahmen dokumentieren die Situation und es gibt zugleich eine Sprechverbindung. Und ganz frisch haben Marburger Schülerinnen den Tunnel mit Sonnenuntergang und Regenbögen in den wunderbarsten Farben noch einmal verschönt.

Weitere Bücher aus der Region

Marburg Farbbildband
Dieter Mayer-Gürr
deutsch/english/francais
72 S., Hardcover, zahlr. Farbfotos
ISBN 978-3-8313-3131-4

Weihnachten im Marburger Land
Susanna Kolbe
80 S., Hardcover, S/w-Bilder
ISBN 978-3-8313-3001-0

Mittelhessen – 1000 Freizeittipps
Annerose Sieck
208 S., Broschur,
zahlr. Farb- und S/w-Bilder
ISBN 978-3-8313-2899-4

Weihnachtsgeschichten aus Mittelhessen
Friedhelm Müller
80 S., Hardcover, S/w-Bilder
ISBN 978-3-8313-2392-0

Wartberg-Verlag GmbH
Im Wiesental 1 34281 Gudensberg
www.wartberg-verlag.de

Bücher für Deutschlands Städte und Regione
Tel. 0 56 03 - 93 05 0
Fax. 0 56 03 - 93 05 28